A Faint Cold Fear Thrills Through My Veins · William Shakespeare

Zu diesem Buch

Dies ist der dritte Kurzgeschichtenband, den -ky vorlegt. Er enthält vier Stories, die auch diesmal nach Hörspielen (WDR) entstanden sind. Den Titel, den einer seiner Vorgänger trägt – «Von Mördern und anderen Menschen» –, könnte man programmatisch über das bisher vorliegende Gesamtwerk des Autors setzen, auch über diesen Band.

-ky schreibt nicht unter dem im Genre beliebten Motto «Entspannung durch Spannung». Das soll beileibe nicht heißen, daß seine Bücher nicht spannend sind. Aber er will den Leser keineswegs nur entspannen. Er fordert ihn, er verlangt etwas von ihm. Er will ihn gleichsam anstecken mit dem eigenen sozialen Engagement. Es soll hier nicht der Versuch gemacht werden, ihn zum Zola hochzustilisieren, aber sein «J'accuse!» ist unüberhörbar.

-ky, eigentlich Horst Bosetzky, ist Soziologe und hat eine Professur in -Berlin.

In der Reihe rororo thriller liegen bereits folgende Romane des Autors -ky vor: Einer von uns beiden (Nr. 2244) – verfilmt von Wolfgang Petersen –, Von Beileidsbesuchen bitten wir abzusehen (Nr. 2250), Stör die feinen Leute nicht (Nr. 2292), Ein Toter führt Regie (Nr. 2312), Es reicht doch, wenn nur einer stirbt (Nr. 2344), Einer will's gewesen sein (Nr. 2441), Kein Reihenhaus für Robin Hood (Nr. 2575), nach dem der gleichnamige Film von Wolf Grem als Regina-Ziegler-Produktion entstand und Zu einem Mord gehören zwei (Nr. 2720), Feuer für den Großen Drachen (Nr. 2672), Älteres Ehepaar jagt Oberregierungsrat K. (Nr. 2801), Friedrich der Große rettet Oberinspektor Mannhardt (Nr. 2725), Ich lege Rosen auf mein Grab (Nr. 2841), Nieswand kennt Tag und Stunde (Nr. 2979) sowie zusammen mit einem Co-Autor Die Klette (Nr. 2659) und dem Autor Mohr Schau nicht hin, schau nicht her (Nr. 2943); dazu die Kurzgeschichtenbände Mitunter mörderisch (Nr. 2338), Von Mördern und anderen Menschen (Nr. 2466) und Catzo – Stories um einen kriminellen Kriminalbeamten (Nr. 2919).

-ky

Mit einem Bein im Knast

Kriminalstories

Rowohlt

rororo thriller
Herausgegeben von Bernd Jost

33.–34. Tausend November 1990

Deutsche Erstausgabe
Veröffentlicht im Rowohlt Taschenbuch Verlag GmbH,
Reinbek bei Hamburg, Juli 1981
Redaktion K. Schelf und Jutta Schmidt-Walk
Umschlagentwurf Manfred Waller

Satz Bembo (Linotron 404)
Gesamtherstellung Clausen & Bosse, Leck
Printed in Germany
780-ISBN 3 499 42565 3

Inhalt

Mit einem Bein im Knast 7

Bewährung für Benny 53

Bei Notwehr sagt man Gott sei Dank 72

Dehn ist alles zuzutrauen 115

Mit einem Bein im Knast

Margot Rothkegel war hochgeschreckt, und sie wußte genau, daß ein fremder Mann im Haus war, ein Einbrecher, der Villenschreck. Gleich würde er zu ihr nach oben kommen, auf der Suche nach dem Safe, nach alten Kostbarkeiten.

Sie hatte den Kopf gegen die kalte Außenwand gepreßt und betete. Siebenundfünfzig Jahre bin ich geworden, und womit habe ich solch Ende verdient.

Hätte sie doch nur Damaschke die Nacht über bei sich behalten!

Sie hatte ihm von ihrer Angst erzählt, gestern mittag noch, und er hatte nur gespöttelt.

«Die Wahrscheinlichkeit, in unserem heilen Lande den Tod durch fremde Hand zu finden, die ist doch lächerlich gering. Was steht denn in den amtlichen Statistiken – nicht mal dreitausend Fälle von Mord und Totschlag pro Jahr bei uns in der Bundesrepublik. Rechnen wir sechzig Millionen Menschen, die derzeit bei uns leben, so trifft es gerade man jeden zwanzigtausendsten Bürger.»

Welch Trost für sie!

Wo sie, ausgerechnet sie, dieser zwanzigtausendste war.

Immerhin, der Gedanke an Damaschke ließ sie wieder handlungsfähig werden. Sicher, sie war allein in dieser schneegequälten Nacht, doch sie war nicht abgeschnitten von denen, die schnelle Hilfe bringen konnten.

Das Telefon! Schon stand sie an der Kommode und wählte. Es funktionierte auch, doch Damaschke, Damaschke nahm nicht ab.

«Mein Gott ...!» Sie schlug auf die Gabel und wählte, schweratmend, eine andere Nummer, die der Nachbarn. Auch hier, niemand zu Hause, irgendwo im Schnee steckengeblieben. Sie stöhnte auf, ihr Herz! Sie stürzte ein halbgefülltes Glas Wasser hinunter und wählte wieder. Ihr Atem ging stoßweise. Eins, eins, null ...

Ein abwehrender Beamter. «Polizeivermittlung Dornrath; bitte?»

Sie war bemüht, trotz ihrer übergroßen Erregung leise zu sprechen, ja, zu flüstern. «Ist dort die Polizei?»

«Hallo – hallo ... Wer spricht denn da?» Sie hatte in dieser Katastrophennacht weiß Gott genug zu tun.

«Sie müssen mir helfen, kommen Sie schnell, sonst ... »

«Sprechen Sie bitte lauter, ich verstehe kein Wort hier! Wer ist denn da, von wo sprechen Sie?»

«Margot Rothkegel – bei mir ist ein Einbrecher im Haus unten, und ...»

«Sind Sie sicher?»

«Er ist über die Terrasse rein, hinten. Gestern ist mein Hund gestorben, und ... Jetzt ist er in der Vorhalle!»

«Ruhig, ganz ruhig! Wir sind ja gleich da.»

«Die Nachbarn sind noch alle weg. Es kommt keiner mehr durch – der Schnee!»

«Die Adresse?»

«Margot Rothkegel, mein Mann war Arzt hier ...»

«Straße, Hausnummer?»

«Jetzt kommt er die Treppe hoch!»

«Die Straße! Die Hausnummer!»

«Er wird mich umbringen, er wird mich – mein Herz ...!»

«Reißen Sie das Fenster auf, schreien Sie!»

Sie zerrte am Fenstergriff. «Es hakt, der Schnee ... Alles festgefroren ...!» Sie ließ den Hörer fallen und griff nach dem kleinen Radio.

«Hallo, Frau Rothkegel, hallo! Ich werde sofort ... Haben Sie sich eingeschlossen?»

«Da ist er!» Sie schlug die Fensterscheibe ein und schrie in den Sturm hinaus.

In eben dieser Minute hatten sich zwanzig, fünfundzwanzig eingeborene Gäste um Hans-Dieter Kleindienst geschart, ihre Champagner gefüllten Kelche erhoben und mit schweißglänzenden Gesichtern die rituellen Happy-birthday-Gesänge begonnen. Saure Wochen, frohe Feste und so, wie sie ihr Glück geschmiedet hatten, alle unaufhaltsam auf dem Weg nach oben, da durften sie sich schon des Lebens freuen. Dynamische Männer Anfang der Dreißig, voller Wissen darüber, wie man Sachen anleiert und durchzieht, vorher beim besten Friseur gewesen, mit Frauen geschmückt, bei denen unter hunderttausend Mark Jahreseinkommen keiner eine Chance hatte, alle high, auch ohne Heroin.

Kleindienst bedankte sich. «Nett, daß ihr gekommen seid, um mich zu trösten. Jetzt geht's ja langsam auf die vierzig zu, und ...»

«... und damit auf die Chefetage!» rief Harry Reese.

«Hoch lebe der Bankdirektor Hans-Dieter Kleindienst. Hoch – hoch – hoch!»

Man stieß an, und alle sangen «Hoch soll er leben ...».

Kleindienst setzte sein Glas wieder ab. «Noch bin ich's nicht – man soll's nicht beschreien.»

«Doch, doch», sagte Harry Reese, «und ich werd dann dein Vertreter.»

«Vertreter – wo?»

«Nich in der Bank – hier bei dir zu Hause, bei Nora. Wenn du dauernd unterwegs bist ...»

Nora wehrte ab. «Nee du, als Liebhaber brauch ich was anderes als 'n Bankmenschen.»

«Wenn dir 'n Künstler lieber ist – okay, dann werd ich eben Maler.»

Kleindienst schlug ihm auf die Schulter. «Du mal man lieber deinen Gartenzaun an. Hat sich hinten 'ne pompöse Villa hinbauen lassen, und vorne, da vergammelt das letzte an Bretterzaun!»

Reese verteidigte sich nicht ungeschickt. «Bis Renate von 'ner Kur zurück is, hab ich alles fertig. Und dann werd ich Kunstmaler, so 'n richtig irrer Typ. Spezialität: liegende Akte. Harry Reese, Deutschlands größter Aktmaler. Alle Zeitungen voll von mir, und Nora in jedem Museum.»

«Ich werd dir!» rief Kleindienst. «Du bleib mal lieber bei deinen Akten in der Bank, da hast du genug zu tun mit.»

Reese schluckte. «Nu mach nich schon wieder auf Vorgesetzten, auch wenn du Geburtstag hast.»

Nora wollte ablenken. «Sag mal, Direktor, wo ist denn dein Freund Damaschke geblieben?»

Schon war Harry Reese wieder in Fahrt. «Mit dem wollte ich auch noch reden, der wollte mir zum Wochenende noch mal 'n Betonmischer pumpen, für das Fundament vom Zaun ...»

Kleindienst hörte gar nicht hin. «Dem war nich gut, der hat sich vorn im Arbeitszimmer auf die Couch gelegt.»

«Da liegt keiner», sagte Nora, «da hab ich doch eben nach'm Korkenzieher gesucht.»

«Ich guck mal nach ...» Kleindienst ging durchs Parterre und drückte die Tür zum Arbeitszimmer auf. «Manfred – hallo ...?»

Damaschke kam gerade von der Terrasse herein. «Ja, was issen?»

«Mensch, komm rein, du holst dir ja den Tod da draußen.»

«Quatsch, mir läuft der Schweiß in Strömen runter – ich hab 'n bißchen Schnee geschippt.» Damaschke klopfte sich den Schnee vom Jakkett und von den Hosenbeinen.

«Tür zu, ich frier mir hier einen ab.»

Damaschke schloß die Terrassentür. «Ich möcht mal wissen, wie wir nachher mit dem Wagen wegkommen sollen – so was von Schnee!»

«Geht's dir denn besser?» fragte Kleindienst.

«Mir wird's wohl nie besser gehen ...» stöhnte Damaschke.

«Der Kreislauf?» fragte Kleindienst. Immerhin war Damaschke über zwanzig Jahre älter als er. Bauunternehmer.

«Nee, das Geschäft. Hast du mal 'n Moment Zeit? Mach doch mal die Tür zu, ehe einer hinterherkommt.»

Kleindienst tat es. «Das hört sich ja gar nicht gut an. Willste was zu trinken haben?»

«'n Bier vielleicht ...»

«Da muß ich erst wieder in die Küche raus. Vielleich 'n Glas Sherry, den hab ich hier im Schrank stehn.»

«Meinetwegen.»

«Setz dich doch», sagte Kleindienst.

Damaschke fiel in einen Sessel und stöhnte. «Wenn's so weitergeht, sitz ich noch genug – aber nich in so nem feudalen Ledersessel wie hier.»

«Unsinn!»

«Kein Unsinn. Gestern hab ich meine Ferienwohnung in Bad Harzburg verkauft. Damit ich nächste Woche die Löhne zahlen kann.»

Kleindienst, der sich auf seinen Schreibtisch gesetzt hatte, blickte ihn nachdenklich an. «Das war doch das letzte, was du uns als Sicherheit bieten konntest?»

«Eben.»

«Und nun?»

Damaschke nippte an seinem Sherry. «Ich hoff ja immer noch, daß deine Bank mir doch noch ... Beim Offenbarungseid, da hättet ihr doch erst recht nichts von.»

«Ich seh da keine Chance mehr», sagte Kleindienst.

«Ohne mich wärst du nie im Leben zur Dornrather Bank gekommen, und so weit nach oben.»

«Was soll ich denn machen – ich kann doch die Kreditabteilung nicht zwingen! Noch kann ich so was nicht alleine entscheiden – tut mir leid.»

«Achtzig Jahre ‹Damaschke Hoch- und Tiefbau› – und das ist nun das Ende ...» Damaschke rutschte immer weiter in den Sessel hinein.

«Du hättest eben nicht alles auf die Karte Atomkraftwerke setzen sollen», sagte Kleindienst. «Dieser Baustopp!»

«Ja, hinterher ...»

«Versuch zu retten, was zu retten ist. Ich helf dir gerne dabei.»

Damaschke richtete sich wieder etwas auf. «Noch hab ich das Handtuch nicht geworfen, noch hab ich unter Umständen 'ne Trumpfkarte in der Hand.»

Kleindienst lachte. «Was'n – hast du bei dir im Garten Öl gefunden?»

«Nee, eher Gold, sozusagen, Zahngold ...»

«Da kann ich dir nicht mehr folgen.»

«Eine Zahnarztwitwe», sagte Damaschke.

«Oha!»

«Vier Jahre älter als ich, siebenundfünfzig, aber noch gut erhalten. Ihr Mann war sogar einer der Mitbegründer von unserem Club – 1951 ...» Gemeint war der Tennis-Club Blau-Gold.

Kleindienst überlegte. «Dann müßt ich sie ja kennen?»

«Sie ist schon seit Jahren nicht mehr auf'm Platz gewesen, der Arzt hat ihr das Tennisspielen verboten – der Ellbogen is irgendwie angeknackst.»

«Und die willst du dir nun angeln?»

«Wir sind erst 'n paarmal ausgegangen, aber ... Sie hat übrigens ihr Konto und ihr Depot bei euch, bei der Dornrather Bank.»

Kleindienst grinste. «Aha! Willst du auf Heiratsschwindler machen?»

«Ach, hör doch auf. Aber wenn ich schon zum drittenmal heirate, dann soll sich's wenigstens lohnen. Herzliche Bitte an dich: Ob du nicht mal nachsehen kannst, wieviel sie so ... Du verstehst schon.»

«Für die kleinen Dienste: Kleinstdienst.»

«Komm!» Damaschke stand auf.

«Vielleicht sagst du mir vorher noch, wie die Dame heißt?»

«Rothkegel, Margot Rothkegel.»

Kriminaloberkommissar Gonschorek hatte, von 1936 an, den größten Teil seiner Schulzeit unterm Hakenkreuz verbracht, und was er da in sich aufgenommen hatte, das befähigte ihn auch heute noch, ein ausgezeichneter Polizeibeamter zu sein.

Nun hatten sie ihm aber idiotischerweise einen jungen Kommissarsanwärter zugeteilt, ein mageres Bürschchen namens Schröder, der auf einer dieser neumodischen Fachhochschulen ausgebildet wurde und immer was von psychologischem Einfühlungsvermögen faselte und davon, daß die Kriminellen in den seltensten Fällen selber schuld seien, vielmehr die widrigen gesellschaftlichen Umstände, in denen man sie aufwachsen ließ. Das ist ja eher 'ne Terroristen- als 'ne Polizeiausbildung, pflegte Gonschorek zu sagen, aber nun ja ...

Und mit solchem linken Spinner war er nun ausgeschickt worden, diesen Villenschreck festzunehmen. Immerhin war es ihnen in den letzten anderthalb Stunden gelungen, den Kerl in eine Garage zu treiben, wo er nun festsaß.

Gonschorek hämmerte mit der Faust gegen die schon erheblich verbeulte Garagentür. «Nun kommen Sie doch endlich raus – was soll'n das ganze Theater noch!?»

«Wir wissen genau, daß Sie hier in der Garage drinstecken», fügte Schröder hinzu.

Gonschorek wurde von einem Hustenanfall gepackt. «Wegen dieses Idioten hier holt man sich noch 'ne Lungenentzündung.»

«So was von Schnee!» stöhnte auch Schröder.

Gonschorek setzte zum drittenmal an, die Tür mit dem Körper einzudrücken. «Wenn du nicht bis zehn draußen bist, geht's dir dreckig!» Sie warteten ein paar Sekunden, nichts rührte sich.

«Was'n jetzt?» fragte Schröder.

«Woher soll ich'n das wissen – hab ich vielleicht Abitur, hab ich vielleicht an 'ner Fachhochschule studiert?»

«Soll ich die Tür aufbrechen lassen?» fragte Schröder.

«Wir können auch warten, bis der Holzwurm drin ist.»

Schröder rüttelte am Griff. «Macht noch 'n ziemlich stabilen Eindruck.»

«Wozu so 'ne wissenschaftliche Ausbildung nich alles gut is!» sagte Gonschorek.

«Jetzt reicht's mir wirklich!» sagte Schröder.

«Dann lassen Sie sich doch mal was einfallen – oder?»

Schröder überlegte. «Wir gehen ins Haus rein und warten da im Warmen, bis der hier kapituliert.»

Gonschorek wurde noch sarkastischer. «Aushungern, prima! Wär ich nie drauf gekommen. Morgen lassen wir uns dann Langlaufski kommen und fahr'n hier im Garten rum.»

Schröder machte einen zweiten Anlauf. «Oder wir ...»

Ihr Dialog wurde abrupt unterbrochen, als der Mann in der Garage plötzlich einen Ausbruchsversuch unternahm. Er hatte sich in den Wagen gesetzt und sprengte nun mit Vollgas die Garagentür auf. Gonschorek und Schröder schrien auf und wurden zur Seite geschleudert. Doch alsbald kam das Fluchtauto ins Rutschen und knallte gegen einen Staketenzaun. Der Fahrer mußte zurücksetzen.

Inzwischen hatte sich Gonschorek wieder aufgerappelt. «Halt! Stehenbleiben!»

Der Fahrer gab Gas, der Motor heulte auf. Schon war der Wagen an der Straße.

«Halt! Oder ich schieße!» Schröder feuerte einen Warnschuß ab.

«Nicht in die Luft, in die Reifen!» schrie Gonschorek.

«Er bleibt stecken, er ist steckengeblieben, da vorne in der Schneeverwehung.»

Gonschorek packte Schröder. «Los – Sie von rechts, ich von links!» Sie erreichten den Wagen, dessen Räder noch immer wild und nutzlos durchdrehten, und rissen die Tür auf. «Ich werd verrückt: Der Arno Klimbimski!»

Arno hatte schnell aufgegeben. «Ja, grüß Gott, der Herr Gonschorek! Nett, daß Sie mich anschieben wollen.»

«Schade, daß ich dich nicht abschieben kann», erwiderte Gonschorek.

«Aber, aber!»

«Komm, steig aus. Da drüben unter der Laterne, das is unser VW-Bus, da unterhalten wir uns mal 'n bißchen. Schröder, Sie sehen mal nach, was mein Freund Arno in der Garage so alles deponiert hat. Du hattest noch 'ne Aktentasche dabei oder Aktenkoffer, als du vorhin abgehauen bist.»

Arno schüttelte den Kopf. «Nee, das muß 'ne optische Täuschung gewesen sein.»

«Also, seh'n Sie zu, daß Sie Arnos optische Täuschung finden. Ab, quer durch die Mitte!»

Sie stapften durch den Schnee. Gonschorek zog die Tür des VW-Busses auf. Sie stiegen ein.

«Oh, ihr habt's ja gemütlich hier», sagte Arno, «bloß 'n bißchen eng.» Furchteinflößend sah er nicht aus, eher wie ein Wermutbruder.

Gonschorek grinste. «Da war's in der Villa vorhin geräumiger, was?»

«In welcher Villa?» fragte Arno.

«In der von Dr. Rothkegel.»

«Ich kenn keinen Rothkegel.»

«Ich auch nicht, der is schon lange tot, aber seine Witwe, die kennst du doch?»

«Nicht, daß ich wüßte», antwortete Arno.

«Du hast dir doch das Haus im Erlengrund vorher angesehen, bevor du heute abend eingestiegen bist?» Gonschorek legte seinen Notizblock zurecht.

«Ich find's schön, daß Sie mich für Ihren Villenschreck halten, Herr Hauptkommissar, aber das ist 'n paar Nummern zu groß für mich – leider. Eierklau bleibt Eierklau.»

«Bei deiner Intelligenz!» sagte Gonschorek.

«Intelligenz hin, Intelligenz her, 's sind die Nerven.»

«Und warum bist du abgehauen, als wir dich getroffen haben?» wollte Gonschorek wissen.

«Panik, Herr Hauptkommissar, reine Panik. Unser Knastpsychologe, der würde sagen: konditionierter Reflex. Immer, wenn ich Sie und Ihre Kollegen sehe, dann muß ich losflitzen. Knastmauke!»

«Ah, da kommt der Schröder!» Der brachte viel Schnee mit herein. «Da ist ja auch die Aktentasche – sieh mal einer an.»

Schröder kletterte vollends in den Bus. «Einbruchswerkzeuge, ganz eindeutig, sehen Sie mal!»

«In der Tat. Na, Volksgenosse Klimbimbski?»

«Ich heiße Arno Klimpel.»

«Wissen Sie eigentlich, Herr Kriminalkommissars-Anwärter Schröder, was ein Klimbimski ist?»

«Nein – was'n?»

«Das ist in der Knastsprache jemand, der sich mit geringfügigen Dingen abgibt», erklärte Gonschorek.

Arno bekam wieder Oberwasser. «Na also! Wie sollt ich'n da hinter alten Kunstwerken her sein? Euern sogenannten Villenschreck, den müßt ihr schon woanders suchen, in den Kreisen, da verkehr ich nich.»

«Und wozu hast du die Tasche mitgehabt – abends im Schneesturm?»

«Ja, wozu?»

«Vielleicht hast du sie in'n Teich vorne werfen wollen, aber der war leider zugefroren?»

«Na, sicher!»

«Schön», sagte Gonschorek abschließend, «die Nacht über bleibst du erst mal bei uns, morgen früh werden wir weitersehen.»

Gonschorek warf *Die Zeit* wieder auf Schröders Schreibtisch zurück. Dieses fürchterliche Gejammere über den Strafvollzug bei uns, der noch immer mittelalterlich sei, dieses Mitleid mit den armen, armen Tätern. Und wer sprach von den Opfern?

Gonschorek, unausgeschlafen, wie er war, ärgerte sich weiter. Den Knackis, Zucker blies man denen in den Arsch, und er, er mit seinen über dreißig Dienstjahren, er mußte sich die Nächte um die Ohren schlagen, bekam Schlafstörungen und Magengeschwüre – bei 75 Pfennigen Zulage pro Stunde für ‹Dienst zu ungünstigen Zeiten›.

Ausmisten, diesen ganzen Augiasstall mal ausmisten!

In dieses vormittägliche Tief hinein platzte die Rothkegel, aufgemacht wie zum Besuch eines Gala-Abends mit Anneliese Rothenberger. «Mein Name ist Margot Rothkegel. Mit wem habe ich die ... Herr Gonschorek, ja?» Sie schien sich nicht mehr recht erinnern zu können.

Er erhob sich. «Gonschorek, ja. Wenn ich bitten darf, hier ... Bequemere Stühle haben wir leider nicht. Aber Ihnen geht's auch Gott sei Dank wieder besser ...?»

«Ja, danke.» Sie setzte sich. «Der Schock ... Es war ja ein richtiger Herzanfall!»

«Tut mir leid, daß wir Sie heute erneut ...»

«Das macht gar nichts, ich hab ja jetzt meine Medikamente.»

«Aber Ihre Hand da?»

«Als ich die Scheibe eingeschlagen habe, mit dem Kofferradio, ja. Dabei hatte ich doch vorher die Nachbarn angerufen – keiner da. Was der Kerl zum Glück nicht wissen konnte. Sonst hätte er bestimmt nicht Hals über Kopf die Flucht ergriffen.»

«Sie haben ihn dann nur noch durch den Garten laufen sehen?» fragte Gonschorek.

«Ja, ja, ganz deutlich sogar.»

«Ich frage bloß noch mal, weil ich schon erfahren habe, daß unsere Gegenüberstellung eben nichts gebracht hat. Unter den fünf Männern, die wir Ihnen da vorgeführt haben, war nämlich einer, den wir eine halbe Stunde nach Ihrem Anruf festnehmen konnten – ganz in Ihrer Nähe und mit Einbruchswerkzeug dabei. Und Sie sind sich wirklich ganz sicher, daß ...?»

«Absolut. Meiner, wenn ich das mal so sagen darf, meiner, der war größer, der war schlanker, schlacksig, o-beinig – ausgeprägt leptosomer Körperbau, wenn Ihnen das ein Begriff ist.»

«Ja, ja. Und außer Ihrem Tafelleuchter hat er nichts mitgehen lassen?»

«Außer – Sie sind gut!» Sie echauffierte sich fast. «Das ist das wertvollste Stück, das wir gesammelt hatten. Stammt aus Schloß Tamsel bei Küstrin. In seinem Scheine hat Friedrich der Große gespeist, wenn er der Freifrau von Wreech Besuche abstattete.»

«Und da haben Sie keine Alarmanlage!?» Gonschorek war nicht nach preußischer Geschichte zumute.

«Ich hatte doch meinen Hund, den Boris, einen Dobermann.»

Gonschorek stutzte. «Sie sagten: *hatte* ...?»

«Letzten Sonntag ist er gestorben. Herr Damaschke war mit ihm spazieren, im Hafen unten, und da muß er irgendeinen vergifteten Köder gefressen haben.»

Gonschorek sah auf. «Wer ist Herr Damaschke?»

«Ein netter Mensch; der einzige, den Boris nicht gleich angefallen hat ...»

«Und was macht Herr Damaschke beruflich – nur so nebenbei?»

Frau Rothkegel schmunzelte. «Nicht, was Sie denken. Der ist Bauunternehmer.»

«Sie sollten sich schleunigst eine Alarmanlage einbauen lassen», empfahl ihr Gonschorek.

«Bei den vielen Zimmern, da komm ich doch nicht unter zehntausend Mark weg, wenn sie was taugen soll.»

«Geld, das Sie doch sicherlich haben.»

«Ja, aber nicht flüssig. Ich hab alles langfristig angelegt, der Zinsen wegen. Und bis ich einen neuen Dobermann habe, habe ich Herrn Damaschke bei mir im Gästezimmer einquartiert.»

«Hauptsache: ein Mann. Wenn's kein Dobermann sein kann, dann tut's auch ein richtiger Mann.» Gonschorek lachte herzlich über seinen plumpen Witz. «Ja, Frau Rothkegel, dann wären wir wohl am Ende ...»

«Fassen Sie den Kerl, ab mit ihm, am besten gleich lebenslänglich! So was sollte man ...»

«Da liegen wir mit unserer Meinung nicht sehr weit auseinander. Wir werden uns alle Mühe geben.»

Kleindienst hatte seinen Porsche vor einer Toreinfahrt geparkt und sah unruhig zur Filiale 21 der Dornrather Bank hinüber. Wäre nicht der taubengraue Maßanzug gewesen, die vorüberflutenden Fußgänger hätten ihn für einen Man vom BKA oder vom Staatsschutz halten können. So schien er, zumal sich nebenan ein Juwelierladen aufgetan hatte, lediglich auf seine schmetterlingszarte Geliebte zu warten. Eine Vorstellung, eine Szene, die den kleinen Mann auf der Straße mit Freude erfüllte, sah er sich doch in seinem Glauben bestätigt, daß man in diesem seinem Lande alles haben kann, wenn man sich nur immer strebend darum bemüht.

Doch hier irrte er. Kleindienst hatte alles andere als erfreuliche Stunden vor sich. Er wartete auf Reese.

Endlich kam er die Straße entlang, noch mehrmals zurückblickend, ob er die Tür auch wirklich fest verschlossen hatte.

Kleindienst stieß die rechte Tür seines Wagens auf. «Herr Reese – hallo, Sie sind gemeint!»

Reese zuckte zusammen. «Dieter – was stehst du denn hier an der Ecke?»

«Ich hätt dich gerne mal gesprochen ...»

Reese tat erstaunt. «Warum kommst'n da nich in die Bank?»

«Darum. Ich hab schon meine Gründe.»

«Willste dich mit mir verloben?» Reese lachte.

«Quatsch! Steig ein, wir fahrn 'n Stückchen.»

«Sag mal, was soll'n das eigentlich – hast du dir meinetwegen auch 'n neuen Porsche gekauft: Kleindienst, ganz groß?»

«Komm», sagte Kleindienst, «es ist deinetwegen, nicht meinetwegen.»

«Und wo soll's hingehen? Ins Grüne?»

Kleindienst hob die Stimme. «Ich will dir mal was sagen, Harry: Entweder du benimmst dich jetzt wie 'n erwachsener Mensch, oder ...»

«Na schön, eh ich's mit dir verderbe ...» Reese stieg ein und knallte die Tür hinter sich zu. «Nu schieß schon los, ich muß noch einholen gehen.»

Kleindienst steckte sich eine Players an. «Rauchste eine mit?»

«Gib her.»

Kleindienst gab ihm Feuer.

Reese zog den Rauch in die Lunge. «Was is'n nu? Sag bloß, Nora und du, ihr wollt euch auch trennen?»

Kleindienst sah ihn erstaunt an. «Wie kommst'n darauf?»

«Bei unserem früheren Kassierer, da war das auch so. Da sollte ich auch noch den Vermittler spielen.»

«Laß doch den Quatsch ... Nee, du, wie gesagt, es geht nicht um mich. Es geht um dich.»

Reese hob den Kopf. «Um mich? Wieso'n um mich – is was mit Rena?»

«Mit Renate? Nee ...»

«Ich dachte schon, sie hätte dir aus Bad Boll geschrieben, daß sie da 'n andern kennengelernt hat und sich scheiden lassen will.»

«Ziemlich festgelegt heute, hm? Thematisch, meine ich ... Hast du mal wieder Angst?»

«Ohne Rena kann ich nicht leben – und mit ihr auch nicht. Scheiße.»

Kleindienst beobachtete das Farbenspiel der Ampel vor ihnen an der Ecke. «Das hab ich dir doch schon an dem Abend gesagt, als du sie kennengelernt hast: Die ist 'ne Nummer zu groß für dich. Harry, der kleine Bankbeamte, und Rena, die große Lufthansapilotentochter.»

«Wenn das Haus erst fertig ist, dann hat sie den richtigen Rahmen, dann wird's auch wieder besser.»

«Wenn!» bemerkte Kleindienst.

Reese band sich die Schnürsenkel zu. «Wieso ‹wenn›? Is was schiefgegangen mit der Finanzierung?»

«Ja, allerdings.»

«Mit der Hypothek?» fragte Reese. «Aber du hast doch selber alles fertiggemacht und die Bürgschaft übernommen!»

«Das hat damit nichts zu tun, das hat was mit Damaschke zu tun», sagte Kleindienst.

«Mit Damaschke?» Reese kurbelte das rechte Seitenfenster hinunter. «Wieso mit dem, mit dem bin ich doch klargekommen. Ich hab bloß mit der Schiedsstelle gedroht; du solltest mal gesehen haben, wie schnell der meine Mängelliste anerkannt hat – Posten für Posten. Inzwischen hat er auch alles in Ordnung bringen lassen.»

«Vielleicht steht er deswegen kurz vor der Pleite», sagte Kleindienst.

«Wieso'n das?» Reese knöpfte sich das Hemd auf.

«Die Verzögerungen bei den Kernkraftwerken.»

«Pech für ihn. Aber was hat'n das mit mir zu tun?»

Kleindienst zögerte einen Augenblick. «Direkt nichts, indirekt 'ne ganze Menge.»

«Versteh ich nicht.»

«Er sucht jemand, der ihm noch mal aus der Klemme helfen könnte – und da hat er irgendwo auf der letzten Reise 'ne reiche Witwe aufgerissen.»

Reese lachte. «Na, meine Mutter bestimmt nicht, oder?»

«Das nicht», sagte Kleindienst, «aber eine Dame, die du auch recht gut kennen dürftest.»

Reese schüttelte den Kopf. «Ich und 'ne reiche Witwe ...?»

«Eine gute Kundin der Filiale 42 der Dornrather Bank», sagte Kleindienst.

«Wer soll'n das sein?»

«Eine gewisse Margot Rothkegel.»

«Kann ich mich nicht erinnern.» Reese ließ keinerlei Reaktion erkennen.

«Der Mann war Zahnarzt.»

«Ach so, die!»

Kleindienst tat den nächsten Schritt. «Der hast du doch das Konto eingerichtet und ihr Wertpapierdepot.»

«Ja, und ...?»

Kleindienst atmete tief durch. «Damaschke wollte wissen, ob das 'ne gute Partie für ihn wäre. Ich hab so das Gefühl, daß er die Dame sogar heiraten würde, wenn er die Firma damit retten könnte.»

«Ah, jetzt fällt bei mir der Groschen!» Reese lachte. «Ihr wollt von mir wissen, was sie bei uns auf der hohen Kante liegen hat.»

Kleindienst winkte ab. «Das weiß ich schon seit heute mittag: Kaum mehr als dreitausend Mark.»

«Dann wird's wohl mit der Hochzeit nichts werden.»

Kleindienst hatte die Augen geschlossen, rieb sich mit Daumen und Zeigefinger der linken Hand die Nasenwurzel. «Scheint so. Komisch ist nur, daß unsere lustige Witwe noch letzten Montag einen Depotauszug bekommen hat, eine Zusammenstellung aller ihrer Wertpapiere – und da ist was von über siebzigtausend Mark zu lesen, auf dem Duplikat, meine ich. Der Kollege Computer hat ihr bisher Jahr für Jahr Zinsen, Dividenden, Erträge und was weiß ich gezahlt. Für Wertpapiere, die sie eigentlich gar nicht mehr besitzt.»

«Das müßte ihr doch aufgefallen sein ...?» Reese starrte zur Bushaltestelle hinüber.

«Wie denn?» Kleindienst steckte sich eine weitere Zigarette an. Sie hat ja die Wertpapiere – Aktien, Schuldverschreibungen, Bundesschatzbriefe und so weiter und so weiter – alle ordnungsgemäß bezahlt, alles auf den Pfennig von ihrem laufenden Konto abgebucht. Nur – ihr Geld ist nie den betreffenden Banken und Instituten zugeflossen, ihr Geld ist jedesmal auf ein besonderes Konto, bei der Deutschen Bank in

Köln, gewandert. Und der Inhaber dieses geheimnisvollen Kontos sitzt gerade neben mir: Harald Reese, Dornrath.»

Schweigen. Nur der Verkehrslärm war zu vernehmen.

Endlich brach es aus Reese heraus. «Ich hätt sonst alles verloren – Rena, das Haus, den Job ...»

Kleindienst registrierte Reeses Schuldbekenntnis kommentarlos. «Bei wieviel anderen hast'n das noch gemacht?»

«Bei dreien insgesamt.»

«In welcher Höhe?»

«Knapp hunderttausend.»

Kleindienst schlug sich mit der flachen Hand vor die Stirn. «Und ich Idiot hab denen im Vorstand noch gesagt, nehmen Sie den Reese als Revisor, der war mal Programmierer, eh er bei uns angefangen hat, der kommt jedem auf die Schliche, der was am Computer manipuliert ... Letzten April, als wir die beiden Sachbearbeiter in der Kreditabteilung in Verdacht hatten. Die mit den doppelten Gehältern. Da bist du dann auf die Idee gekommen ...»

«Ja. 'n Kinderspiel für mich. Und das wär ja auch nie rausgekommen, wenn dieser dußlige Damaschke nicht zufällig ...»

«Nun ist es aber herausgekommen», sagte Kleindienst.

«Nee. Außer dir, da weiß es doch noch keiner.»

Kleindienst schaltete spontan auf Abwehr. «Meinst du etwa, ich könnt so tun, als wüßt ich von nichts?»

Reese begann zu fighten. «Ja, warum denn nicht? So 'n Zufall, so was wird's in tausend Jahren nicht wieder geben. Da kommt außer dir keiner weiter drauf.»

Kleindienst tippte sich an die Stirn. «Du spinnst wohl! Meinst du vielleicht, ich hab mich zwanzig Jahre abgerackert und laß mich dann auf so 'ne Art und Weise abschießen?»

«Das verlangt ja auch gar keiner von dir.»

«So leid es mir tut, aber was bleibt mir denn weiter übrig: melden muß ich's auf alle Fälle.»

«Mußt du gar nicht», widersprach ihm Reese. «Ich besorg mir das Geld und bring die Konten wieder in Ordnung – dann merkt kein Schwein mehr was von.»

Es vergingen lange Sekunden, ehe Kleindienst seine Antwort formuliert hatte. «Angenommen, es geht weiter aufwärts mit mir: Dann leb ich doch dauernd in der Angst, daß da eines Tages einer kommt und ...»

«... dich erpreßt? Haha! Ich vielleicht!? Hätt ich nicht zehn Jahre in der Schule die Mathe-Arbeiten für dich geschrieben, wärst du heute Würstchenverkäufer und nicht werdender Bankdirektor. Hab ich dich da jemals erpreßt?» Jetzt sah Reese ihm wieder voll ins Gesicht.

«Du nicht, aber so klug wie du könnte der nächste auch sein, der bei uns die Datenverarbeitung untersuchen soll. Und dann? Wenn das rauskommt, ist meine Karriere im Arsch.» Kleindienst drückte seine Zigarette aus und schlug den herausgezogenen Aschenbecher mit der Faust in die Öffnung zurück.

«Und ich lande im Knast», sagte Reese.

«Soll ich vielleicht deine Unterschlagungen decken? Freundschaft hin, Freundschaft her, aber irgendwo gibt's 'ne Grenze!»

Reese ließ nicht locker. «Meinst du, damals in der Schule hätten sie dich dabehalten, wenn sie rausgekriegt hätten, wie du da über die Runden gekommen bist? Mit viel Beschiß und meiner Hilfe?»

«Was soll ich denn machen?» fragte Kleindienst mit kaum hörbarer Stimme.

«Mir Zeit lassen, das Geld zu beschaffen und die Sache wieder in Ordnung zu bringen. Mir inzwischen was borgen ...»

«Geld, Geld! Soll ich's mir aus den Rippen schneiden? Hunderttausend! Du hast sie ja nicht mehr alle. Zwanzig hab ich dir ohnehin schon geborgt!»

«Da hab ich auch jeden Monat pünktlich fünfhundert von zurückgezahlt.»

«Vielleicht wär's auch ohne Villa gegangen und ohne Reisen nach Tokio und Jamaika», knurrte Kleindienst.

Reese machte eine hilflose Geeste. «Sicher wär's auch ohne gegangen, aber ...»

«Man kann auch nebenbei 'ne ganze Menge Geld verdienen, Versicherungspolicen verkaufen, andern die Buchführung besorgen! Man muß nicht dreimal in der Woche im Spielcasino rumhängen.»

«Ich brauch das Geld und keine Predigten», sagte Reese kühl.

«Du brauchst kein Geld, du brauchst was anderes: den Mut, endlich mal reinen Tisch zu machen.»

Reese winkte ab. «Der Chef, der schmeißt mich doch achtkantig raus, wenn er das hört. Aber das wär doch glattweg Wahnsinn, Idiotie: Wenn's ihm keiner sagt, kommt der doch nie und nimmer drauf.»

Kleindienst wurde sarkastisch. «Also: gar nichts machen, die Sache so laufen lassen, weiter manipulieren ... Will die Rothkegel ihr Geld mal bar in die Hand haben, nimmst du's von irgendeinem andern Konto weg – und so weiter und so weiter, bis zum Ende der Dornrather Bank. Und ich bin dann Direktor da und darf das womöglich alles ausbaden! Immer mit einem Bein im Knast ...»

«Du willst mich also hängen lassen?»

Kleindienst wand sich. «Nein, sonst hätt ich ja gleich zum Chef rennen können.»

«Nett von dir, daß du's noch nicht getan hast. Aber tu's man lieber noch, ehe es für dich zu spät ist.»

Kleindienst versuchte es im väterlichen Ton: «Wir können doch nur noch retten, was zu retten ist, wenn du selber hingehst. Kurtz ist doch kein Unmensch, und wenn ich ihm gut zurede, dann bringen wir die ganze Sache schon lautlos über die Bühne.»

«Das kann ich nicht; ich kann da nicht hingehen und ihn anwinseln ...»

«Aber ich soll können – ich soll den Rest meines Lebens mit der Angst leben, daß von einer Minute zur andern alles auffliegen kann? Das ist doch tödlich für mich!» Kleindienst drehte den Zündschlüssel herum, ließ den Motor aufheulen.

«Dann ist das dein letztes Wort?» fragte Reese.

«Ja.»

«Okay!» Reese sprang aus dem Wagen. «Vielleicht gibt's doch noch 'ne Lösung!» Er knallte die Tür zu und lief über die Straße.

Kleindienst war nach Hause gefahren und hatte sich, während Nora draußen in der Küche das Abendessen zubereitete, auf die Couch geworfen und in den neuen *Playboy* vertieft. Aber das Playmate des Monats konnte ihn ebensowenig scharf machen, wie es seine Sekretärinnen den Tag über vermocht hatten ... Was sollte das Ganze, wo doch Noras Maxime «Appetit kannst du dir woanders holen; gegessen wird zu Hause» volle Gültigkeit hatte. Also wandte er sich den fleischlosen Seiten zu und las das Neueste und Aktuellste über Bücher und Filme.

Als er bei den Party-Witzen angekommen war, klingelte das Telefon. Er rührte sich nicht, Nora rührte sich nicht. Gehst du bitte mal! Nein, du bist dran. Quatsch, ich war doch vorhin. War ja auch für dich. Das spielt doch keine Rolle. Doch! Nein!

Reine Nervensache.

Diesmal verlor er. Es hätt ja der Chef sein können ... Es war nicht der Chef. Es war Damaschke.

Die Kunst …

... von einem fremden Konto Geld abzuheben, ist offensichtlich für das menschliche Gehirn so unbegreiflich, daß es der Hilfe eines Computers bedarf.

Kein Wunder, ist es doch manchen Leuten sogar unmöglich, vom eigenen Konto etwas abzuheben.

Es ist aber ganz einfach, Geld abzuheben. Man muß nur zuvor etwas aufgehoben haben.

Kleindiensts Stimme klang nicht sehr erfreut. «Ah, Manfred, 'n Abend ... Was gibt's denn?»

«Ich wollt nicht weiter stören; ich wollt bloß wissen, ob deine Nachforschungen schon was ergeben haben.»

«Was'n für Nachforschungen?»

«Na, im Hinblick auf den Kies meiner neuen Freundin Margot.»

«Die Dame Rothkegel, ja ...» Kleindienst hustete anhaltend.

«Wie sieht's denn aus?» wollte Damaschke wissen.

«Du, tut mir leid, ich bin noch nicht zu gekommen. So ohne weiteres geht das ja auch wieder nicht. Irgendeinen Vorwand brauch ich schon, um da ...»

Damaschke trug's mit Fassung. «Du wirst das schon machen; doch wenn's geht, bitte bald, du weißt ja ...»

«Ja, ja, klar. Ich meld mich morgen bei dir.»

«Okay. Bis dann. Tschüß, und 'n schönen Gruß an Nora.»

«Danke, ja, die steht grad neben mir. Also ... Mach's gut!» Kleindienst legte auf.

Nora sah ihn an, die Salatschüssel in der Hand. «Wer war'n dran – Damaschke?»

«Ja, schönen Gruß auch.»

«Wegen seiner neuen Braut?»

«Warum'n sonst?»

«Und? Hast du ihm was gesagt?»

«Nee, ich hab ihn erst mal vertröstet.»

«Muß der sich ausgerechnet an die Rothkegel ranmachen – ich kenn die doch noch, ich war doch da immer beim Zahnarzt: fürchterlich!»

«Aber Geld dahinter.»

«Glaubt sie jedenfalls ... Und wegen dieser alten Kuh soll Harry nun ins Gras beißen!»

Er hatte Nora alles erzählt.

«Nu übertreib mal nicht; es erschießt ihn ja keiner.»

Nora nahm die Brötchen aus der Tüte. «Wenn das auffliegt, dann ist das doch so was wie 'ne soziale Hinrichtung für ihn. Erst liegt er auf der Straße, dann beginnt er zu trinken, dann verläßt ihn Rena, dann ist er sein Haus los – und schließlich wirft er sich vorn TEE ...»

«Was soll ich denn machen?» Sein ganzes Leben lang hatte Kleindienst niemals eine solche Frage gestellt.

«Reinen Tisch sollst du machen. Morgen früh gibst du dir 'n Ruck und gehst zum Chef rauf und erzählst ihm die ganze Sache. Erst mal wird er gerührt sein über so viel Menschlichkeit, daß du deinen besten Freund nicht gleich in die Pfanne gehauen hast – das zählt sicherlich als Führungsqualifikation –, und dann wird's bei ihm im Kopf zu rattern anfangen. Geht er zur Kripo und hängt die Sache an die große Glocke, dann schadet's dem guten Ruf seiner Bank. Klar?»

«Ja.»

Nora war Diplom-Dolmetscherin, Französisch simultan, Spanisch perfekt, und dementsprechend redegewandt. «Also wird er versuchen, alles so zu regeln, daß nichts nach außen dringt. Harry wird gebeten, von sich aus zu kündigen und behält 'ne weiße Weste, so daß er woanders wieder 'n Job kriegt. Seine Schulden kann er abstottern, wir bürgen dafür, daß er's auch wirklich tut. Das ist *die* Lösung – oder?»

«Sieht so aus», sagte Kleindienst, «aber ...»

«Ja oder nein?»

«Ja.»

Nora warf ihm seinen Mantel zu. «Dann komm, spann den Wagen an und fahr uns schnell zu Harry rüber, damit wir alles Weitere mit ihm bereden können. Man kann 'n andern doch nich so hängen lassen.»

Es war ein dunkler, naßkalter, ekliger Abend. Das Thermometer war plötzlich hochgeschnellt auf vier, fünf Grad über Null, und zudem regnete es jetzt, so daß die ganze Stadt eine einzige Matschwüste war. Wer irgendwie konnte, blieb zu Hause und genoß den Gegenwert seiner Fernsehgebühren; wer aber Auto fahren mußte, der fluchte in einem fort, da auch die besten Scheibenwischer das Frontfenster nicht mehr sauber kriegten. Hatte man gar einen Lastwagen vor sich, fuhr man quasi blind.

Wie Kleindienst etwa, der kurz hinter der Stadtgrenze um ein Haar mit einem entgegenkommenden Wagen zusammengeprallt wäre.

«Idiot! Ist doch keine Rallye Monte Carlo hier ... Fährt der in der Dunkelheit hier wie ein Irrer!»

«Als wär die Polizei hinter ihm her», sagte Nora.

«Eher 'n Besoffener. Na, Harry war's jedenfalls nicht.»

«Obwohl ich wetten möchte, daß der auch schon einiges intus hat.»

Kleindienst tastete sich weiter die Chaussee entlang. Harry wohnte am Rande einer kleinen Gemeinde, wo das Bauland noch erschwinglich war. Ein Stück Dorfzerstörung, das ihn nie gekümmert hatte. «Wann kommt denn Renate zurück?»

«Rena? Morgen früh, soweit ich weiß. Morgen vormittag.»

«Wird ja herrlich werden», sagte Kleindienst.

«Bis dahin haben wir schon alles über die Bühne gebracht, Harry kann wieder aufatmen.»

«Hoffentlich geht er drauf ein.»

«Wird er schon. Was bleibt ihm denn anderes übrig? Alles vertuschen, das kann er dir nicht zumuten.»

Kleindienst stöhnte. «Is schon genug, was du mir da zumutest: morgen zum Chef und dann so mir nichts, dir nichts ... Harry und der Größenwahn ... Doch die Nora läßt ihn nicht verkommen.»

«Hättst du mir eben nichts von erzählen sollen!»

Kleindienst schoß sofort zurück. «Wem'n sonst, wenn man keine Geliebte hat? – Ich park mal hier; da hinten kann man immer so schlecht wenden. Kannst die paar Schritte laufen?» Der Wagen rollte aus und hielt.

«Willst du mir extra 'n Taxi bestellen?» Sie stieß die Tür auf, stieg aus, knallte sie wieder zu.

Kleindienst schloß den Wagen ab und schimpfte über den Matsch und über einiges andere. «Mann, ist das einsam hier – und diese Funzeln von Straßenlaternen ...»

«Komm ans Händchen, wenn du dich fürchtest», spöttelte Nora.

«Haha! Du solltest mal sehen, ob du nich 'ne Rolle im Ohnsorg-Theater kriegst, da würden sie sich jetzt halbtot lachen.»

Sie gingen auf Harry Reeses Haus zu. Das war schon imposant und von jener sterilen Originalität, wie sie die diversen Zeitschriften der Bausparkassen allmonatlich den statusgierigen Kunden anpreisen. Ohne eigenes Haus bist du ein soziales Nichts!

Kleindienst versuchte, den größten Pfützen auszuweichen.

«Brennt gar kein Licht mehr bei deinem geliebten Harry.»

«Doch, in der Diele, die kleine Wandlampe.»

«Nicht die Nachttischlampe? Du kennst dich ja prima bei ihm aus.»

«Ich hab da drei Stunden geschuftet heute nachmittag, um wieder 'n bißchen Ordnung reinzubringen – wenn Rena morgen kommt.»

«Das ist Nächstenliebe ... Sag mal, wie geht denn das Scheißgartentor hier auf?» Kleindienst hatte sich den halben Fingernagel abgerissen.

«Nur den Riegel zurückschieben.»

Er tat es und ratschte sich dabei den Finger auf. «So 'n Mist! Ausgerechnet der rechte Zeigefinger.»

«Soll ich im Krankenhaus anrufen, daß sie 'ne Bluttransfusion vorbereiten?»

«Alles wegen diesem Idioten! Hast du geklingelt?»

«Ja, mehrmals.»

Sie gingen einen halbwegs trockenen Kiesweg hinauf. Im Haus oben rührte sich immer noch nichts.

«Is er also doch besoffen», sagte Nora.

«Dann redst du aber mit ihm.»

Sie waren oben angekommen. Nora klopfte, klingelte Sturm. «Harald – Harry, aufmachen – wir sind's, Nora und Dieter!»

Stille.

«Nichts zu machen; keiner da ... Vielleicht war er's doch im Auto?»

«Quatsch, der hat doch keinen Kombi!»

«Komm, wir gucken mal hinten auf der Terrasse.» Nora wollte ihn mitziehen.

Kleindienst machte sich los. «Meinst du, ich brech mir die Beine ... Du hast doch noch 'n Schlüssel von vorhin, oder?»

Nora erinnerte sich. «Ja, richtig! Den muß ich hier in der Handtasche ... Halt doch mal, bitte.»

«Ach Gott, jetzt geht die Sucherei wieder los. Darf ich mir 'n Stuhl holen?»

«Da ist er schon!» Nora schloß auf. «Und Füße abtreten, ich hab heute gewischt.»

«Ja, ja!»

Nora versuchte es erneut. «Harry, wo steckst du? Bist du da?» Sie wartete ein paar Sekunden.

Keine Antwort.

Kleindienst drückte die Tür hinter sich ins Schloß. «Gucken wir mal nach. Kleine Hausdurchsuchung ...»

«In der Küche ist er nicht», sagte Nora. «steht aber 'n gebrauchter Teller auf'm Tisch.»

«In der Toilette ist auch keiner ...»

Ein Aufschrei von Nora: «Im Wohnzimmer, da ... Vor der Couch!»

«Mach doch mal Licht! Wo is'n der Lichtschalter?» Kleindienst hastete durch die Diele, klopfte mit der flachen Hand die Wand ab, fand den Lichtschalter nicht.

Nora schluchzte. «Links ...»

Kleindienst schlug auf den Kippschalter, wagte sich ein Stückchen vor. «Tot! Kopfschuß. Da vorn liegt 'n Revolver.»

«Wär'n wir doch bloß 'ne Stunde eher losgefahren!»

«Erschießt der sich einfach ...»

«Ich muß mich erst mal setzen», stöhnte Nora.

«Geh in die Küche, wenn du kein ...» Kein Blut sehen kannst, wollte er sagen.

«Haste 'ne Zigarette da?» fragte Nora. Fremd sah sie plötzlich aus.

«Ja.» Er suchte ihr eine heraus, rauchte sie an. Sie gingen beide in die Küche hinüber.

Nora rückte sich einen Stuhl zurecht. «Danke. Harry tot ... Das ist doch bloß 'n Alptraum. Das kann doch nicht wahr sein!»

«Glatter Kopfschuß.»

«Mit dreiunddreißig! Und nächstes Jahr wollten sie anfangen, Kinder zu kriegen ... Und wer sagt's Rena? Ich nicht. Du. Ruf die Polizei an, ruf Rena an.»

«Ich – Rena?»

«Ja, du Rena», sagte Nora. «Du hast doch zuletzt mit ihm gesprochen, du weißt doch am besten, warum ...»

Da brüllte Kleindienst los. «Ich bin jetzt schuld an seinem Selbstmord da, ich! Sag's doch, los, ich weiß doch, was du sagen willst!»

«Hör auf zu schreien – mein Gott!»

«Er begeht die Unterschlagungen, und ich bin schuld daran! Ich hab ihn auf'm Gewissen – so ist's richtig!»

Nora fuhr ihn an: «Das hat doch keiner gesagt!»

«Gesagt nicht, aber gedacht.»

Nora beschwor ihn: «Am Fenster steht das Telefon, auf'm Schreibtisch – geh, ruf die Polizei an, ich kann da nich an ihm vorbei.»

«Harry, der Gute, und ich, der Böse – so war's ja schon immer. Aber ich geh ja schon, bleib man sitzen ...» Er ging ins Wohnzimmer, während Nora leise und verhalten weinte und sich mehrfach die Nase schnaubte.

Sie wurde ungeduldig. «Nun ruf doch endlich an! Was machst du denn noch?»

Kleindienst kam wieder zurück. «Hier, 'n Abschiedsbrief, lag auf'm Couchtisch, soll ich 'n dir mal ... Das gibt's doch nicht!»

«Zeig mal!»

Geliebte Rena!
Verzeih mir, aber ich konnte nicht mehr anders. Lieber tot, als im Gefängnis und hinterher ein Leben, wo sie alle vor einem ausspucken. Um Dir all das zu geben, was Dich glücklich gemacht hat, mußte ich mir bei meiner Bank auf besondere Weise Geld beschaffen. In zehn Jahren hätte ich alles zurückgezahlt gehabt und kein Mensch hätte je etwas davon

bemerkt. Doch Hans-Dieter ist durch Zufall draufgekommen und wollte mich morgen hochgehen lassen. Mein ältester und bester Freund – ein charakterloser Lump! Seine Karriere war ihm mehr wert als ich. Dabei weiß ich genau, daß er sich ebenfalls bereichert hat – im Warenkredit- und im Devisengeschäft vor allem –, doch ich habe keine Zeit mehr, die Beweise dafür zu sammeln. Meide ihn aber wie die Pest, wenn ich tot bin, er wird Dir niemals helfen können. In dreißig Sekunden drücke ich ab, dann ist alles aus. Gott sei Dank! Es tut mir leid, aber es mußte ja alles so kommen.

In Liebe,
Dein Harry

Kaum hatte er zu Ende gelesen, da brach es aus Kleindienst heraus. «Das ist tödlich für mich – das ist seine Rache! Vernichten will er mich, dieses kleine, fiese Schwein ... Vernichten!»

«So was kann er doch unmöglich geschrieben haben!»

«Hat er aber ... So was von Haß!»

«Gib mal nochmal her!» Sie riß ihm das Blatt aus der Hand, überflog es von neuem. «Seine Schrift, ohne jeden Zweifel ...»

«Und nun?» fragte Kleindienst. «Wenn die in der Bank das lesen, dann bin ich doch erledigt – zum Abschuß freigegeben.»

Nora sah ihn von der Seite an. «Hast du denn wirklich was ...?»

«Nein! Bestimmt nichts, was ... Bagatellen, alles Bagatellen; nicht der Rede wert. Nur was jeder so macht, wenn er bestimmte Informationen hat, aber unter Garantie nichts Strafbares dabei – schwör ich dir!»

«Dann ist's ja gut.»

«Ist eben nicht gut – bei solchen Sachen, da bleibt doch immer was hängen. Das ist das Ende meiner Karriere, hundertprozentig; da bleibt immer das entscheidende Quentchen Mißtrauen, wenn's um Spitzenpositionen geht. Wenn sie das erfahren, bin ich abgestempelt – ein für allemal abgestempelt!»

«... 's muß ja keiner erfahren», sagte Nora leise.

«Wie willsten das verhindern?»

«Indem wir den Abschiedsbrief verschwinden lassen.»

Kleindienst lachte auf. «Haha – Ein Selbstmord ohne Abschiedsbrief? Finden sie keinen, dann wissen sie doch ganz genau, daß wir ihn vorher weggenommen haben. Und warum haben wir ihn weggenommen? – Du, da sind sie dann unheimlich scharf drauf, das rauszukriegen. Dann stottere du mal rum – da merken sie doch auch ohne Lügendetektor, daß da was faul ist an der Sache. Und dann sitzen wir erst richtig im Schlamassel drin. Vielleicht hat er irgendwo was durchgedrückt – is ja mit Kugelschreiber geschrieben; auf der Tischplatte oder so ... Nee, du, das wäre dann der Beweis für die, daß ich wirklich Dreck am Stecken hab.»

Nora dachte nach. «Und 'n andern Brief – Kannst du nicht seine Handschrift nachmachen?»

«Das merken die doch, das ist doch kindisch.»

«Was denn?»

Kleindienst wurde wieder aggressiv. «Ja, was dann? Dann laß dir mal was einfallen.»

Pause. Dann Nora: «Ob uns jemand gesehen hat, als wir gekommen sind?»

«Nein, auf keinen Fall. Ganz sicher nicht.»

«Dann ... Kann uns denn eigentlich jetzt jemand daran hindern, den Brief einzustecken und uns ebenso ungesehen wieder davonzumachen?»

«Nein.»

«Na also: Dann war's eben mal 'n Selbstmord ohne Abschiedsbrief. Punktum! Wo soll'n da das Problem liegen?»

Kleindienst zögerte: «Das liegt darin ... Weißt du, wem der Revoler da nebenan gehört?»

«Nein ... Harry doch wohl.»

«Eben nicht! Das ist meiner ... Den hatte ich mir mal besorgt – wegen der Fahrten nach Zürich.»

«Und wie kommt Harry an den?»

«Den muß er sich aus meinem Schreibtisch geholt haben. Ich wollt das Ding nicht zu Hause haben, ich hatte Angst davor. Und er wußte, daß ich ihn im Büro versteckt hatte.»

«Na und?» Nora ließ sich nicht beirren. «Hat er ihn eben benutzt ... Das beweist doch gar nichts. Vor allem nicht, daß wir heute abend hier gewesen sind.»

«Das nicht, aber meine Fingerabdrücke sind drauf, ganz frisch. Ich hab ihn nämlich vorhin angefaßt, als ich ins Zimmer gekommen bin.»

«Idiot!»

«Da hab ich doch den Brief noch nicht gekannt! Der Gedanke, daß das meiner war ... Ich hatte nur den einen Gedanken: Feststellen, daß das *nicht* meiner war!»

«Ja, ich versteh schon.»

«Kurzschluß, Blackout – und ich wußte ja auch nicht, was in diesem verdammten Brief da alles drinsteht. Damit konnte doch keiner rechnen, oder?»

«Allerdings ...»

«Na also. Und wenn ich meine Abdrücke abwische, wisch ich seine auch mit ab – und dann? Diese Scheißfingerabdrücke! Was hab ich nicht alles angefaßt, seit wir hier sind. Deine sind ja erklärlich, weil du heute nachmittag hier sauber gemacht hast – aber meine! Die können wir doch nie alle abwischen ... Dein Plan ist schon Scheiße. Uns bleibt gar nichts weiter übrig, als die Polizei anzurufen und hierzubleiben, bis sie kommt.»

«Bitte – aber deswegen können wir doch inzwischen den Brief verschwinden lassen, einfach einstecken – die machen doch keine Leibesvisitation bei uns! Gib her, ich steck 'n in'n BH rein.» Nora angelte nach dem Brief.

Kleindienst wich einen Schritt zurück. «Nee, du – ich hab da nicht die Nerven zu. Und du auch nicht. Ich will auch nicht in die Sache verwikkelt werden: Kein Verhör, kein Verdacht – nichts! Ich will nichts mit der Polizei zu tun haben – du weißt ja, wie schnell das heute geht: Biste erst einmal bei denen im Computer gespeichert, dann ... Jemand, der in 'ner Bank was werden will, kann sich das nicht leisten. Ich bin nicht nur erledigt, wenn die Harrys Abschiedsbrief finden – es reicht auch schon, wenn sie erfahren, daß er sich mit meinem Revolver erschossen hat. Das ist in meinem Job genau wie 'ne Vorstrafe, das läßt sich nicht mehr abwaschen.»

Nora sah ihn an. «Dann bleibt doch nur noch eins ...»

Kleindienst nickte. «Genau: den Brief mitnehmen, den Revolver mitnehmen und so tun, als wären wir nie hiergewesen.»

«Und die Fingerabdrücke an den Wänden?» gab sie zu bedenken, «an Lichtschaltern und überall – das geht doch nicht!»

«Klar geht das. Wir fahren jetzt los, ungesehen, schaffen die Sachen beiseite, und sind dann in 'ner Viertelstunde wieder zurück: offiziell! Dann finden wir Harry und schlagen Alarm ... Na – ist das die Lösung, oder ist sie's nicht?»

Sie war einverstanden. «Dann komm! Je eher wir weg sind, desto besser – Du – Moment mal!»

«Was denn noch?»

Nora faßte sich an die Stirn. «Mensch! Wenn's kein Selbstmord war, dann muß es doch Mord gewesen sein – oder?»

«Na und? Hat doch keiner 'n Schaden von, außer daß sich die Statistik verschlechtert: ein ungeklärtes Kapitalverbrechen mehr ... Was soll's? Wo kein Mörder ist, kann man keinen finden! Da laß die mal suchen – unsere Beamten sind ja ohnehin überbezahlt. Schad ihnen gar nichts – Komm jetzt!»

«Sollten wir nicht noch 'n paar Schubladen durchwühlen und so, damit's nach echt aussieht?»

«Ja, mach man, dann aber ab!»

Gonschorek litt unter Stress. Gonschorek ertrank in Arbeit. Erst dieser Villenschreck und das ganze Wehgeschrei der Presse, dann der Mord an Harry Reese. Eine Vernehmung nach der anderen. Protokolle über Protokolle. Gerade hatte er wieder eins fertiggetippt.

«So, Herr Damaschke; überfliegen wir's noch mal schnell ... Sie haben Reese gegen 20 Uhr, kurz nach 20 Uhr aufgesucht – die Tagesschau lief gerade. Er hatte Sie vorgestern angerufen, weil sich während des großen Schneesturms letzte Woche Mängel an der Dachkonstruktion gezeigt hatten, von denen er glaubte, daß Ihre Firma sie auf Grund des abgeschlossenen Vertrages zu beseitigen hätte ... Stimmt das so?»

«Nein, das stimmt nicht», erklärte Damaschke; «das Haus ist ordnungsgemäß abgenommen worden, und ...»

Gonschorek wurde ungeduldig. «Ich will doch nur wissen, ob das Protokoll stimmt und nicht die Rechtslage klären – das ist doch zweierlei!»

«Aber wenn das erst mal so dasteht ...»

«Hier steht doch: Reese *glaubte* ... Hier steht doch nicht, daß er tatsächlich recht hatte.»

«Ach so, ja.»

«Aber wenn Sie sich hier so aufregen, dann ...»

Jetzt hing Damaschke an der Decke. «Es ist zu keinem Streit zwischen Reese und mir gekommen, Hergott nochmal! Was sollte ich denn für 'n Motiv haben?»

«Motive gibt's immer welche – wie wär's denn mit geschäftlichen Schwierigkeiten? Reese hatte Sie erpreßt – Preisabsprachen vielleicht – und plötzlich konnten Sie nicht mehr zahlen. Wir wissen, wie schlecht es um Ihre Firma bestellt ist.»

«Ich verbitte mir diese Verdächtigungen ... Wer sind Sie denn überhaupt, daß Sie so mit mir reden?»

«Ich kann so mit Ihnen reden, weil Sie unter Mordverdacht stehen. Sie sind Reeses letzter Besucher.»

«Na und?»

Mehr fiel Damaschke nicht mehr ein.

Gonschorek stieß nach. «... sein letzter Besucher – und Sie haben sich nicht von sich aus bei uns gemeldet. Ihre Sekretärin mußte erst bei uns anrufen – anonym auch noch. Schöne Zustände bei Ihnen in der Firma.»

«Ich wollte nicht noch mehr ins Gerede kommen.»

«Schön, dann sollten Sie aber nicht den Eindruck erwecken, als ...» Es klopfte. «Herein!»

Schröder kam ins Zimmer.

«Darf ich stören?»

«Das haben Sie schon. Herr Damaschke – Herr Schröder, einer unserer neumodischen Kommissarsanwärter.»

«Ah, ja, Herr Damaschke ist Bauunternehmer, ich weiß.»

«Was Neues?» fragte Gonschorek.

Schröder setzte sich. «Der Arzt hat inzwischen Reeses Frau so einigermaßen ... äh ... stabilisiert, also, daß sie den ersten Schock überwunden hat. Aber sie kann auch nicht mehr sagen, als daß sie ihn gestern mittag noch mal angerufen hatte – und da hätte er einen ganz normalen Eindruck gemacht.»

«Was hat'n die Untersuchung der Leiche ergeben?»

«Daß der Tod zwischen 21 und 23 Uhr eingetreten sein muß.»

«Und – hat sie da 'n Alibi?»

Schröder nickte. «Ja, da hat sie mit den andern Kurgästen Abschied gefeiert, dreihundert Kilometer weg von hier, ich hab schon angerufen.»

«Sonst noch was? Wie sieht's mit dem Einbruch aus, hinten von der Terrasse her?»

Schröder blätterte seine Notizen durch. «Der kann unmöglich vorgetäuscht sein, das kann kein Laie gewesen sein, das war 'n Profi. Sie haben's noch im Labor, aber sie sind sich ziemlich sicher, daß es derselbe Täter war wie bei der Rothkegel und den Villen davor: Dieselbe Handschrift und sicher auch dieselben Werkzeuge.»

«Hat *Bild* also recht gehabt», sagte Gonschorek, «VILLENSCHRECK ZUM ERSTENMAL GESTÖRT – UND GLEICH EIN TOTER ... Was kläfft denn da so – ist das Ihr Köter?»

«Ja, ich durfte ihn ja nicht mit reinbringen.»

Schröder sah auf. «Und Reese, der hatte keinen Hund?»

«Nein, noch nicht», sagte Damaschke, «aber er hatte sich schon einen bestellt, 'n Schäferhund, nächste Woche sollte der kommen.»

«Von welchem Zwinger? Wissen Sie das zufällig?» Schröder maß dieser Frage ganz offensichtlich einige Bedeutung bei.

«Keine Ahnung, nein.»

Die nächste Frage an Damaschke: «Und Frau Rothkegel, mit der sind Sie doch befreundet ...?»

«Ist das 'n Staat hier! Gibt's vielleicht was, was Sie noch nicht wissen?» Damaschke stand auf.

«Wer nichts zu verbergen hat, der braucht sich auch nicht aufzuregen, wenn man seine Daten speichert», sagte Gonschorek.

Schröder blieb beharrlich. «Frau Rothkegels Hund war doch gerade gestorben, kurz bevor bei ihr eingebrochen worden ist ... Hatte sie sich schon einen neuen Hund bestellt?»

«Soviel ich weiß, ja», sagte Damaschke.

Gonschorek griff ein. «Schluß jetzt, ehe wir gänzlich auf den Hund kommen ... Wenn Sie bitte noch das Protokoll unterschreiben wollen, Herr Damaschke ...» Er reichte ihm den Bogen herüber. «Sie haben also, was den Einbruch betrifft, keine weiteren Wahrnehmungen gemacht.»

Damaschke unterschrieb mit geübter Hand. «Nein, hab ich nicht, nicht das Geringste ... Aber ich bin ja nun wohl jenseits allen Verdachtes – oder?»

Gonschorek lachte dröhnend. «Es sei denn, Sie persönlich sind der Villenschreck vom Erlengrund ...»

«Unheimlich lustig!» brummte Damaschke.

«War nicht so gemeint. Viel Glück noch mit Ihrer Firma.»

Damaschke stand schon in der Tür. «Danke – wünsche ich Ihnen mit Ihrer auch. Guten Tag!»

«Auf Wiedersehen.»

Sie warteten ab, bis Damaschke die Tür hinter sich geschlossen hatte.

«Ich würd ja lachen, wenn Ihr kleiner Scherz eben gar keiner war», sagte Schröder.

«Wieso?»

«Was wissen wir denn von diesem Villenschreck? Wir wissen doch nur, daß er in Wohngebäude einbricht, in denen es Antiquitäten zu holen gibt – alte Gemälde, alte Waffen, altes Porzellan und so weiter und so weiter. Und wissen Sie, was Damaschke sammelt?»

«Nee – nicht eingelöste Wechsel vielleicht?»

«Das auch. Aber vor allem sammelt er alte Waffen – er soll ein ganzes Militärmuseum bei sich im Keller unten haben.»

«Is ja interessant! Und woher haben Sie das?»

«Hat uns der Kleindienst gestern abend erzählt, als die Sprache darauf gekommen ist, mit wem Reese in letzter Zeit so alles Kontakte, beziehungsweise Ärger gehabt hat. Damaschkes Leute sollen da so ziemlich gepfuscht haben, und Kleindienst, der mit beiden befreundet ist – war –, der hat da immer mittendrin gehangen. Der Name Damaschke ist mehrfach gefallen, automatisch.»

«Ah ja. Aber daß seine Sekretärin hier angerufen hat, das stimmt doch?»

«Als sie das mit Reese gelesen hatte, ja.»

Gonschorek reinigte sich die Daumennägel, erst den linken mit dem rechten, dann umgekehrt. «Irgendwie komisch.»

«Genau wie das mit den Hunden», sagte Schröder.

«Ja, das ist mir auch schon aufgefallen: Der bricht immer da ein, wo der Hund gerade tot ist oder wo sie sich gerade 'n neues Vieh bestellt haben, 'n scharfen Wachhund. Sieht ganz so aus, als hätte der 'n Draht zur Tierkadaververwertung oder zum Hundezüchter. Was haben wir denn alles für Zwinger in der Gegend hier, sehen Sie doch mal nach und ...» Das Schrillen seines Telefons unterbrach ihn. «Scheiße!» Er nahm ab.

Eine muntere, leicht angewärmte Stimme. «Einen schönen und auch gesegneten guten Tag, Herr Hauptkommissar! Hier spricht Ihr alter Freund Arno.»

«Ah, der Herr Klimbimski!» rief Gonschorek.

«Klimpel, bitte.»

«Schön: Herr Klimpel. Was verschafft mir die Ehre?»

«Ich wollte Ihnen noch mal danken, daß ich so schnell wieder draußen war», sagte Arno.

«Und womit willst du uns danken? Isses was Schönes?»

«Und ob! Wenn ich eins hätte, würde ich's Ihnen auf'm silbernen Tablett servieren.»

«Hast du 'n Namen rausgekriegt?»

Arno wurde noch leiser. «Was man so flüstert – 'n Antiquitätenhändler selber, der viel Geschäfte mit'm Ausland macht: Reitschuster, Christian Reitschuster.»

Gonschorek las den Namen Reitschuster jeden Tag beim Nachhausefahren. «Das ist doch der Gebrauchtwagenhändler am Bahndamm hinten. Oder ist das nur 'ne Tarnung?»

«Weiß ich nicht. Sein Geld soll er jedenfalls mit Antiquitäten machen.»

Gonschorek war zufrieden. «Nun ja, Arno, dann wären wir mal wieder quitt ... Also – Wiederhören!» Er legte auf. «Na, Kollege Schröder, haben Sie mitgehört?»

«Ja, hab ich.»

«Wenn Sie bei Ihrer Hauptprüfung was über V-Leute schreiben sollen, haben Sie wenigstens 'n Beispiel. Reitschuster also – schöner Name. Und was meinen Sie, wie kriegen wir den denn nun?»

Schröder wurde unsicher. «Irgendwie in 'ne Falle locken ...»

«Irgendwie in eine Falle ... Na, wie denn? In welche?» Gonschorek lehnte sich zurück.

Schröder überlegte. «Zum Beispiel ... Wir könnten uns doch hier in der Gegend irgendwo 'ne Villa raussuchen, der man ansieht, daß sie mit Antiquitäten vollgestopft ist. Dann gehen wir hin und reden mal mit dem Besitzer. So wie die immer nach Recht und Ordnung schreien, werden die doch bestimmt mitspielen wollen. Dann täuschen wir einen toten Hund vor, lassen den Besitzer abends weggehen und warten, bis Reitschuster auftaucht.»

Gonschorek freute sich, wie er sich sonst nur bei ‹Mainz wie es singt und lacht› zu freuen pflegte. «Genial! Wenn ich Ihren Beurteilungsbogen schreiben muß, da weiß ich ja gar nicht ... So hohe Punktzahlen, wie Sie verdienen, sind da gar nicht vorgesehen! Lernen Sie so was auf Ihrer neuen Fachhochschule, oder haben Sie's aus'm Fernsehen?»

«Wieso ... Was ist denn ... War was falsch?»

Gonschorek wurde väterlich. «Mensch, Junge, überleg doch mal! Dieser Reitschuster – nehmen wir mal an, Arnos Information stimmt – dieser Reitschuster hat 'n Kapitalverbrechen begangen, der hat den Reese erschossen: Da weiß er doch, daß wir ihn jetzt jagen. Und er wär doch 'n kompletter Idiot, wenn er so weitermachen würde, im selben Stil weitermachen würde wie bisher. Der wird schlagartig Schluß machen damit, schlagartig! Weil er jetzt Angst hat, Angst vor lebenslänglich. Capito?»

«Ja, schon, aber ...»

«Kein aber! Das wär absoluter Unsinn; da brauchen wir kein Wort mehr zu verlieren drüber ... Was wir wirklich machen werden, ist viel weniger romantisch; das ist nichts weiter als Routine. Wir kennen den

Namen; wir können den Mann beobachten. Wir wissen, daß er irgendeinen Draht zu jemand haben muß, der was mit Hunden zu tun hat, mit lebendigen oder mit toten. Und wir wissen, daß er die geklauten Stücke ins Ausland verkauft. Da wird sich doch 'ne Spur finden lassen – oder? Mein Gott, so viel Beweismaterial wie in diesem Falle, so viel möcht ich immer haben! In vierzehn Tagen hab ich Reitschusters Geständnis – wollen wir wetten?!»

Dies war eine Wette, die Gonschorek verlor, und aus den vierzehn Tagen waren bald vierzehn Wochen geworden, als er eines Vormittags bei Damaschke am Gartenzaun stand und klingelte. Zunächst löste er nichts weiter aus als wütendes Hundegebell, dann tauchte auch Damaschke auf.

«Is ja gut, Anka, is ja gut.» Damaschke versuchte, seinen Köter zur Räson zu bringen.

«Ich bin's nur», rief Gonschorek, «ist noch nicht der Briefträger.»

Damaschke hatte sich langsam nach vorn gekämpft. «Entschuldigung, Herr Kommissar ... Anka, wirst du wohl mal! Die Gartentür ist offen – nur aufklinken!» Der Hund knurrte und kläffte ungeniert weiter.

«Ich bin doch nicht lebensmüde. Können Sie ihn nicht mal in'n Keller sperren?»

«Geh, Anka, geh zu Frauchen. Sieh mal, Anka, da kommt Frauchen! Sei brav!»

Die mit ‹Frauchen› bezeichnete Dame entpuppte sich bei näherem Hinsehen als die Witwe Margot Rothkegel.

«Anka, hierher! Anka, komm ins Haus rein. Ah, die Kripo, Herr Gonschorek, einen schönen guten Tag – ich kann leider nicht ... Anka!» Sie sperrte den Hund ins Haus, endlich, und verschwand mit ihm zusammen.

Gonschorek wollte sich vergewissern. «War das ... war das nicht die Arztwitwe, die Zahnarztwitwe, bei der Sie auch ... Kommt mir so bekannt vor.»

«Rothkegel ... Der Einbruch vor Reese. Um ein Haar wär sie auch ...»

«Ah ja, klar! Und mit der sind Sie jetzt ...?» Gonschorek musterte den Hausherrn.

Damaschke erstrahlte in operettenhafter Röte. «Noch nicht ganz, nein, nein!»

«Reiche Witwe», kommentierte Gonschorek, «Firma ohne Geld ...Klar!»

«Sie haben noch immer keine gute Meinung von mir», stellte Damaschke fest.

«Gott, Meinung ... Sagen wir, ich werde dafür bezahlt, daß ich mißtrauisch bin, ja?»

«Steh ich also immer noch unter Mordverdacht?» Damaschke lächelte schief.

«Bleiben wir hier draußen im Garten – die Tulpen blühn so schön.»

«Bitte, da stehn zwei Stühle.»

«Danke.» Gonschorek setzte sich.

«Was zu trinken?»

«Jetzt nicht, danke.»

Damaschke nahm ebenfalls Platz. «Ich hab noch 'n bißchen Kaffee in der Tasse ... Ja, nun ist es ja Frühling geworden.»

«Hätte man kaum mehr für möglich gehalten, ja.» Gonschorek streckte die Beine aus. «Als sie Harry Reese erschossen haben, lag noch 'n halber Meter Schnee.»

«Die Zeit vergeht. Und Sie haben immer noch keinen?»

«Nein. Und das ist ja auch der Grund, warum ich noch mal hier bin.» Gonschorek zog mit der Schuhspitze Furchen durch den Kies.

Damaschke versuchte wiederum ein Lächeln. «Wollen Sie's wieder mit mir versuchen?»

«Wir haben alles Menschenmögliche versucht bisher», versicherte Gonschorek, «können Sie mir glauben ... Wir haben sogar einen ganz konkreten Namen gehabt. Zwei Monate lang haben wir den Mann beobachtet – Tag für Tag, Nacht für Nacht. Und was ist dabei herausgekommen? Nichts!»

«Aber vorletzte Nacht ist hier im Erlengrund wieder eingebrochen worden», sagte Damaschke.

«Das ist es ja, warum wir alle an der Decke hängen: Kaum haben wir aufgehört, ihn zu observieren, da geht das wieder von vorne los!»

«Ist es denn wieder derselbe?»

«Scheint so. Der muß sich verdammt sicher fühlen.»

«... oder er braucht dringend Geld», fügte Damaschke hinzu.

«Das haben *Sie* jetzt gesagt.» Gonschorek grinste.

«Ich wollt's Ihnen ersparen.»

Gonschorek beugte sich vor. «Reden wir Tacheles: Bevor wir den Kerl nicht haben, werden Sie von diesem Verdacht nicht mehr loskommen, Herr Damaschke, nicht mehr frei sein davon. Aber darum bin ich ja hier.»

Damaschke schien irritiert. «Jetzt kann ich Ihnen nicht ganz folgen.»

«Sie können uns helfen, ihn zu kriegen. Dann sind Sie ein für allemal aus'm Schneider.»

«Ich? Wie soll'n das gehen?»

«Passen Sie auf, Damaschke: Sie haben doch alte Waffen im Keller?»

«Ja, haufenweise.»

«Auch wertvolle? Alte preußische?»

«Kann man wohl sagen. Mein Prunkstück is 'n Säbel, mit dem der alte Ziethen in die Schlacht von Leuthen geritten ist.»

Gonschorek strahlte. «Sehr schön! Dann wird morgen einer von den Dornrather Journalisten hier bei Ihnen auftauchen und sich 'n paar Notizen machen. Die bringen in der Sonntagsausgabe was über preußische Reitergenerale, da paßt das prima rein, 'n paar Absätze über die Waffen zur damaligen Zeit und daß ein Dornrather Bauunternehmer – Name, Bild – so was sammelt, und was das alles wert ist.»

«Ich versteh noch immer nicht ...» Damaschke machte eine hilflose Geste.

Gonschorek blühte weiter auf. «Wir haben Grund zu der Annahme, daß der Täter ein Antiquitätenhändler ist, der selber für Nachschub sorgt, indem er in Villen einbricht.»

«Ah, jetzt geht mir ein Licht auf!»

«Und zwar versucht er's immer da, wo aus irgendeinem Grunde der Hund, der Wachhund, gestorben ist – siehe Ihre Frau Rothkegel.»

«Ja, aber meiner ...»

Gonschorek machte eine abwehrende Handbewegung. «Sie werden Ihren zu Ihrer Freundin bringen, und wir beschaffen Ihnen dafür einen Kadaver, auch'n Schäferhund. Da rufen Sie dann an, lassen ihn abholen und telefonieren überall nach'm neuen herum. Soweit klar?»

«Dann soll der Villenschreck also hier bei mir ...?»

«... in die Falle gehen», ergänzte Gonschorek; «Genau! Der Hund ist tot, 'n neuer ist noch nicht da, und Sie gehen abends einen trinken. Währenddessen verstecken wir uns hier bei Ihnen im Haus und warten, bis sich unser ganz spezieller Freund die Ehre gibt. Na?»

Damaschke wiegte den Kopf hin und her. «Also, wenn ich ehrlich sein soll ... Begeistert bin ich davon nicht gerade.»

«Ich auch nicht. Aber das ist meine große Chance. Das ist Ihre große Chance.»

«Na, meinetwegen. Wie sagt man so schön: Der Not gehorchend, nicht dem eigenen Triebe.»

Nun, der Plan war ebenso simpel wie gut, und sie brauchten sich nicht mehr als drei Nächte um die Ohren zu schlagen, dann hatten sie Reitschuster gestellt. Den *modus operandi* unverändert, drang er von hinten durch die professionell geöffnete Terrassentür in Damaschkes Villa ein, ohne die in sorgsam gewählten Verstecken lauernden Beamten zu bemerken. Seine Festnahme ausführlich zu beschreiben, wäre weniger spannend, als die Wasserstände und Tauchtiefen von Rhein und Neckar (‹... Neckar bei Plochingen 17 plus 2 ...›) an dieser Stelle aufzulisten.

Zwar gelang es Reitschuster noch, sich loszureißen, doch nach ein paar Sekunden hatten sie ihn dingfest gemacht.

Gonschorek, wie eine Schneiderpuppe zur Seite geworfen, kam als erster wieder auf die Beine. «Reitschuster, sind Sie verrückt geworden? Stehenbleiben!» Ein paar weitere Warnrufe, dann jagte er dem Fliehenden zwei Kugeln hinterher.

Auch Schröder hatte sich wieder aufgerappelt. «Der ist in den Garten raus. Hinterher!»

Sie fanden Reitschuster auf der Terrasse, wo er über Damaschkes herumstehende Sonnenliegen gestürzt war und sich anschließend im Gartenschlauch verfangen hatte. Wie er da rang, halb Laokoon, halb Slapstick-Künstler, war er von Gonschorek leicht zu packen.

Eine Stunde später saß er seinen Häschern zum Verhör gegenüber.

Christian Reitschuster, Mitte zwanzig, war ein Typ, wie sie ihn in den deutschen Hitparaden schmerzlich-süße Balladen singen lassen (‹... dann kamst du zu mir, und ein neuer Tag begann; dann gingst du von mir, und mein ganzes Glück zerrann ...›), ein männlich-blonder Softie mit Kettchen auf der braungebrannt-behaarten Brust.

Gonschoreks Idealbild von einem jungen Deutschen entsprach er wenig.

«Dann werden wir mal», sagte der Oberkommissar; «Ende der kleinen Frühstückspause, Ende der Bedenkzeit. Na, wie sieht's aus, Reitschuster?»

«Ich war's nicht», sagte Reitschuster.

Gonschorek lachte. «Sieh dir mal das Ei hier an, mein Junge ...» Er zertrümmerte die Schale eines hartgekochten Eies auf der Schreibtischplatte. «Bis zum Mittagessen, da haben wir dich weichgeklopft, das schwör ich dir ... Ja, dann los, Kollege Schröder – Sie haben grünes Licht; lassen Sie mal sehen, inwieweit Sie die Kunst der Vernehmung schon beherrschen.»

«Herr Reitschuster», begann Schröder, «sosehr ich Ihnen auch helfen möchte, aber ...»

Gonschorek fuhr dazwischen. «Helfen, helfen! Was soll'n das?»

«... aber es sieht schlecht aus für Sie ... Vierzehn Villeneinbrüche geben Sie zu?»

«Ja.» Reitschuster sah sie ganz offen an.

Schröder sah auf seine Notizen. «Der Mordfall Reese, Harry Reese, interessiert uns natürlich am meisten, das werden Sie verstehen ... Sie geben's auch zu, am fraglichen Abend bei Reese das Glas der Terrassentür zerschnitten zu haben, um die Tür aufziehen, entriegeln, öffnen zu können?»

«Ja, hab ich Ihnen doch schon x-mal gesagt.»

Wieder ging Gonschorek dazwischen. «Und auf die Adresse Reese bist du gekommen, weil dem sein Hund krepiert war?»

«Der ist nicht krepiert», widersprach Reitschuster, «der war solange im Tierheim, wie Reeses Frau zur Kur war.»

«Mann, bist du gut informiert!»

Reitschuster war nicht einzuschüchtern. «Soll ich's noch mal wiederholen? Mein Bruder trägt da im Erlengrund jeden Morgen die Post aus, der ist Briefträger da, der kriegt alles mit, was da passiert. Den hab ich ausgefragt, ohne daß er was von gemerkt hat – das schwör ich Ihnen: Der ist absolut sauber, der Hannes!»

«Und wir haben alle Hundezwinger abgeklappert – mein Gott!» Gonschorek seufzte.

«Kann ich nun weitermachen?» fragte Schröder.

«Stört Sie vielleicht einer?» knurrte Gonschorek.

«Sie haben also Reeses Tür aufgebrochen und sind in sein Wohnzimmer.»

«Nein, bin ich eben nicht!» rief Christian Reitschuster. «Ich dachte, der schläft schon, oder er ist gar nicht zu Hause – war ja alles dunkel. Aber ich will gerade den Vorhang zurückschieben, da steht er im Zimmer. Das heißt, da kommt er rein und knipst die Lampe an.»

«Das ist doch alles Quatsch!» rief Gonschorek. «Du mußt doch längst im Zimmer gewesen sein, als Reese reingekommen ist – da waren doch schon alle Schubladen offen und durchwühlt!»

«Ich schwör Ihnen, ich bin nicht drin gewesen!»

Gonschorek schlug mit der flachen Hand auf den Schreibtisch. «Hör doch endlich auf, so dummdreist zu lügen! Für wie dußlig hältst du uns denn, du halber Hahn? Ich werd dir genau sagen, wie's gewesen ist: Reese hatte oben auf'm Bett gelegen und war eingenickt. Da hört er unten Geräusche. Er denkt, seine Frau ist von der Kur zurückgekommen; er freut sich und stürzt nach unten. Da sieht er dich, verliert die Nerven und wirft sich auf dich. Kurzer Kampf, bis du deinen Revolver draußen hast. Dann knallst du ihn ab ... War's so oder war's nicht so?»

Reitschuster schrie: «Nein, so war's nicht! Ich hab dieses Scheißzimmer nie betreten!»

Schröder suchte ihn zu besänftigen. «Bitte, Herr Reitschuster, bitte! Hier hat keiner ein Interesse daran, Ihnen was anzuhängen, was Sie gar nicht getan haben.»

«Sie vielleicht nicht, aber ...»

Gonschorek fuhr auf. «Ich vielleicht, was? Ich hab kein Interesse, dir was anzuhängen; ich hab bloß ein Interesse dran, daß die Wahrheit rauskommt und die Menschheit mindestens fünfzehn Jahre Ruhe vor dir hat – das hab ich. Am besten lebenslänglich. Paragraph 211 StGB – Mörder ist auch der, der aus Habgier oder aus anderen niedrigen Beweggründen einen Menschen tötet ... Aber wem sag ich das! Wer fünfmal im Knast gewesen ist – nee, sechsmal warst du ja sogar schon drin –, der weiß das ja selber am besten.»

«Ich hab den nicht erschossen, ich bin kein Mörder! Ich hab nicht mal 'n Ballermann.» Jetzt klang es fast schon weinerlich.

Gonschorek tippte sich an die Stirn. «Natürlich haste den nicht mehr – wer weiß, in welchem See der liegt. Hier, das Gutachten ... Sternförmig aufgerissene Platzwunde an der rechten Schläfe, Pulverschmauch und Pulverkörnchen im Wundkanal ... Also ganz klar ein Nahschuß. Als ihr da gekämpft habt, da hast du ihm den Revolver direkt an die Schläfe gedrückt.»

«Hab ich nicht!» verteidigte sich Reitschuster. «Kann ich auch gar nicht haben, weil ich ja gar nicht im Zimmer gewesen bin. Als Reese runtergekommen ist, da bin ich wieder raus in den Garten, die Terrasse runtergerutscht, die kleine Böschung da. Und noch während ich da runterrutsche, da ist im Zimmer drin der Schuß gefallen. Ich hab's doch gehört ... Reese muß sich selber erschossen haben.»

Gonschorek konnte nicht mehr an sich halten. «Mensch, da lachen doch die Hühner! So 'ne idiotische Ausrede – so was hab ich wirklich noch nie gehört – in fünfundzwanzig Dienstjahren nicht!»

«Aber ich schwör's Ihnen: So isses gewesen; wirklich!»

«Das ist wirklich die dümmste Geschichte, die du dir ausdenken konntest – mein Gott!»

«Das ist die Wahrheit!»

«Deine Wahrheit ist nicht mehr wert als der letzte Furz, den du gelassen hast!»

«Was haben Sie denn davon, wenn Sie mich abschießen?» Reitschuster, eben noch kraftvoll-optimistisch, fiel wieder in eine depressiv-larmoyante Phase. «Ich hab Ihnen doch nie was getan.»

«Mir nicht», entgegnete Gonschorek, «aber dem Reese und der Frau Rothkegel. Und wenn du weiterhin frei herumläufst, dann ... An dem Tag, an dem der Richter dich aus dem Verkehr zieht, da besauf ich mich vor Freude, da kannste Gift drauf nehmen.»

Schröder wagte einen Einwand: «Herr Gonschorek, ich glaube, wir sollten nicht so hart ...»

«Hörn Sie doch auf! Mir kommen gleich die Tränen ... Ach, leckt mich doch alle!» Er stürzte aus dem Zimmer und schmiß die Tür hinter sich zu.

Pause.

«Tut mir leid», sagte Schröder endlich, «aber der ist total übermüdet, mit den Nerven völlig fertig. Jahrelang dieser Wechseldienst, das schmeißt einen um.»

Reitschuster sammelte sich wieder. «Ich hab die Einbrüche gemacht, okay; ich hab auch was vom Leben haben wollen und nicht bloß immer rumhängen als Hilfsarbeiter und als Penner. Ich schieb ja auch nicht alles auf die Heime, in denen ich groß geworden bin, auf meine Eltern und so. Ich bin ja auch selber schuld daran. Aber eins bin ich nicht: Ich bin kein Mörder! Ich hab nie einen Menschen umgebracht – und ich werd auch nie einen Menschen umbringen!»

Schröder goß sich Kaffee ein. «Ich mag Gonschorek ebensowenig wie Sie, aber in einem muß ich ihm wohl oder übel doch recht geben: Die Geschichte mit Reeses Selbstmord, die kann Ihnen wirklich keiner abkaufen.»

«Aber, mein Gott – wenn's doch nun mal so war, verdammt noch mal!»

«Herr Reitschuster! Welcher Selbstmörder wühlt denn vorher seine Schubladen durch?»

«Da hat er seinen Revolver gesucht – ist doch klar!»

«Meinetwegen. Und wo ist sein Abschiedsbrief geblieben?»

«Schreibt denn jeder Selbstmörder einen?»

«Na, also jeder ...» Schröder wand sich. «Nein ... Na gut! Er erschießt sich also. Nach dem Befund durchaus möglich, okay. Aber jetzt kommt's doch: Reese muß sofort tot gewesen sein, auf der Stelle. Und da soll er noch Zeit gehabt haben, seine Waffe wieder ins Versteck zurückzubringen? Das ist doch absurd, das müssen Sie doch zugeben. Keine Waffe neben dem Toten – das sind die Tatsachen! Und Sie waren in diesem Zimmer drin!»

«Nein – als er sich erschossen hatte, da bin ich abgehauen, sofort weg, wie 'n geölter Blitz.»

Schröder machte eine Geste, die Resignation ausdrücken sollte. «Auch wenn Sie kein Geständnis ablegen: Ich glaub nicht, daß Sie auch nur die Spur einer Chance haben.»

«Dann hat'n anderer den Revolver weggeschafft», sagte Reitschuster.

«Wer denn? Wann denn?»

«Die Leute, die ihn dann gefunden haben, später ...»

Schröder überlegte. «Sein Freund und dessen Frau – Kleindienst? Ja, aber die haben doch nicht den allergeringsten Grund dafür. Da ist absolut nichts – tut mir leid.»

«Hab ich also wirklich keine Chance mehr?» Reitschuster sah Schröder an.

«Nein.»

«Dann will ich jetzt in meine Zelle zurück.»

«Hätten Sie bloß Schluß gemacht, nachdem das mit Reese passiert war», sagte Schröder.

«Hätte – hätte! Da gibt's Leute, die mich in der Hand haben; die brauchen die Ware. Die zwingen mich immer wieder, weiterzumachen ... Aber ist das nicht 'n Argument: Wenn ich Reese wirklich umgebracht hätte, dann wär ich doch auf alle Fälle ausgestiegen – bei dem Risiko! Daß ich trotzdem weitergemacht habe, das ist doch der beste Beweis dafür, daß ich's nicht gewesen sein kann!»

Jetzt duzte auch Schröder ihn, aber es war ein anderes Du als das, mit dem Gonschorek arbeitete. «Du hast doch selber gesagt, daß sie dich gezwungen haben, weiterzumachen ...»

«Ach, Scheiße! Ich will jetzt allein sein, ich will nichts mehr hören und sehen, ist ja doch alles umsonst!»

Ein Frühstück im Hause Kleindienst, ein üppig gedeckter Tisch, von Ei und Joghurt bis hin zu frischen Feigen und aufgeschnittenen Kiwi-Früchten, geradezu königlich. Dazu die südlich-heitere Morgensonne am wolkenlosen Himmel. Ein Regenbogen in der Tropfenbahn des Rasensprengers.

Aber auch die Morgenzeitung.

Nora schob sie über den Tisch. «Da, lies mal – für die gibt es jetzt gar keinen Zweifel mehr, daß dieser Reitschuster Harry erschossen hat.»

Kleindienst überflog den Bericht. «Hm ... Aber wart doch erstmal die Gerichtsverhandlung ab: *in dubio pro reo*.»

«Der ist doch schon so gut wie verurteilt. Mindestens fünfzehn Jahre.»

«Indizien sind noch kein Geständnis.»

«Ne, aber die reichen allemal, ihn in'nen Knast zu bringen.»

Kleindienst sah sie an. «Is ja wohl auch kein großer Verlust für die Menschheit – oder?»

Nora war anderer Meinung. «Der macht 'n sehr sympathischen Eindruck auf mich – ich hab doch bei dem im Laden unsern alten Zinnkrug gekauft, letzten November.»

Kleindienst lachte. «Wer weiß, wo er den geklaut hatte.»

«Trotzdem. Ich mach das nicht mit.»

«Was ...?» Er verstand nicht gleich.

«Daß wir die Schuld haben, wenn er lebenslänglich kriegt.»

«Wer hat'n das ahnen können?»

«Wir müssen unbedingt hin und sagen, wie's wirklich gewesen ist.»

Kleindienst wurde heftig. «Dann kann ich mir ja auch gleich 'ne Kugel in'nen Kopf jagen! Vortäuschung einer Straftat oder so – da stehn auch 'n paar Jahre drauf!»

«Das ist doch immer noch was anderes als lebenslänglich! Du kannst dir ja so n' Staranwalt nehmen – der kommt dann mit den wildesten psychiatrischen Gutachten und so.»

Kleindienst schlug mit der Faust auf den Tisch. «Aber meine Karriere ist dann im Eimer, wie oft soll ich dir das noch erklären! Ohne Gerichtsverhandlung sitz ich am 1. Januar nächsten Jahres bei uns im Vorstand und in fünf, sechs Aufsichtsräten – und mit Gerichtsverhandlung sitz ich auf der Straße. Du kannst wählen: Ob hunderttausend im Jahr, oder jeden Monat Arbeitslosenhilfe!»

«Dann geh ich eben wieder arbeiten.»

«Als Sekretärin, ja? Aus deinem Job biste doch raus. Ich möcht dich mal sehen: Ohne Haus, ohne Garten, ohne Wagen, ohne dreimal Urlaub im Jahr – aber verschuldet bis ans Lebensende ... Da kauf dir man jetzt schon 'n paar Wermutpullen und meld dich bei den Pennbrüdern an!»

«Ich ertrag das nicht, wenn der da im Knast sitzt und wir zu selben Zeit ...»

«Der oder wir!»

«Es kommt ja doch mal alles raus», sagte Nora.

Kleindienst legte das zweite Brötchen, nach dem er gegriffen hatte, wieder weg. «Kommt es nicht – wie denn? Die Konten, bei denen Harry manipuliert hatte, die hab ich inzwischen wieder in Ordnung gebracht – da merkt kein Mensch mehr was von ... Allein das hat 'n Vermögen gekostet. Aber in ein, zwei Jahren hab ich's wieder drin ... Und Renate? Für die isses doch 'n Segen, daß sie nicht weiß, wie's wirklich gewesen ist; die Wahrheit, die haut die doch um! Wenn die hört, daß Harry eigentlich ihretwegen Selbstmord begangen hat, dann flippt die doch völlig aus – dann hast du sie auf'm Gewissen. Die Formel heißt nicht Reitschuster gegen Kleindienst, sondern Reitschuster gegen Kleindienst plus Renate.»

Nora stand auf. «Ich geh trotzdem hin. Ich will endlich reinen Tisch machen.»

Drohend stand Kleindienst vor ihr. «Du gehst nicht hin!»

Sie wich einen Schritt zurück. «Ich gehe hin! Lebenslänglich im Knast, das ist doch genauso, als würdest du jemand umbringen. Nur nicht innerhalb von zehn Sekunden, sondern über Jahre hinweg, Tag für Tag 'n bißchen.»

«Dem Reitschuster willste das ersparen – okay. Aber was machste denn mit mir, wenn du jetzt zur Kripo gehst und dem Gonschorek da erzählst, wie's wirklich gewesen ist? Mich bringst du doch auch um, mein Leben machst du doch auch kaputt – oder? Das ist doch auch 'ne Art Mord, 'ne soziale Hinrichtung.»

Jahrelang Aufgestautes brach aus Nora hervor. «Du weißt gar nicht, wie mich das alles ankotzt: Dein Egoismus, deine Karrieresucht – immer nur *du*, du, DU! Das ist doch kein Leben mehr mit dir: Immer bloß nach oben starren, alles andere zählt nicht mehr, über Leichen hinweg ... Ich hab das alles so satt! Für mich ist Schluß – bis hierher und nicht weiter ... Ich geh jetzt!»

«Du gehst nicht!» schrie Kleindienst.

Sie versuchte, zur Tür zu kommen. «Da kannste mich nicht mehr dran hindern, da ist es zu spät zu!»

«Das wollen wir doch mal sehen, ob ich das nicht kann!» Er packte sie.

«Weg, faß mich nicht an!» Sie schrie auf.

Kleindienst stand vor der Villa, an der noch immer, schwarz auf blankpoliertem Messing, das Schild mit der Aufschrift *Dr. med. dent. Karl-Georg Rothkegel* prangte, und wartete, bis ihm geöffnet wurde.

«Entschuldigen Sie die Störung, Frau Rothkegel, aber ...»

Margot war die Liebenswürdigkeit in Person. «Nicht doch – das war doch so abgesprochen ...» Sie versuchte, gegen den Lärm anzukommen, der drinnen produziert wurde. «Herr Kleindienst ist da, dich abzuholen ...»

Damaschke stellte die Bohrmaschine ab. «Wer ...? Ach, Hans-Dieter, ich dachte schon, du kommst nicht mehr.»

«Ist doch noch Zeit genug», sagte Kleindienst.

«Und Ihre Frau?» fragte Margot.

«Meine Frau?»

«Ich denke, die fährt sonst immer mit zum Fußballspiel?»

Kleindienst lachte. «Zum Fußball, ja, ach so ... Nein, heute hat sie keine Lust gehabt; soll ja nachher auch regnen. – Dann wasch dich mal, damit wir nicht noch mehr ...»

«Nun motz mal hier nicht so rum! Erst zu spät kommen, und dann ...» Damaschke verschwand im Bad.

«Ruhe!» rief Kleindienst ihm hinterher, sehr um Heiterkeit bemüht.

«Ich hatte gerade Kaffee gekocht – wie wär's denn noch mit einem Täßchen?»

«Gern, ja.» Sie gingen ins Zimmer. «Oh, was hat denn die Damaschke-Bau da gemacht? Großes Loch in Wand?»

«Da soll ein Tresor rein», erklärte Margot. «Nach dem, was in letzter Zeit so alles bei uns passiert ist, dachte ich ... Und wo ich den neuen Hund schon wieder weggeben mußte: Durch und durch krank. Da hab ich gesagt, dann erst mal 'n Tresor.»

«Na, sicher, 'ne gute Idee, und schaden kann's nie, wo Sie ja den Chef höchstpersönlich zur Verfügung haben. Da merkt er wenigstens mal, was seine Leute jeden Tag zu schuften haben.»

Sie druckste ein bißchen herum. «Meinen Sie denn, daß seine Firma noch ... Ich meine, ob sic überhaupt noch eine Zukunft hat?»

«Aber immer – wenn die Kapitaldecke wieder etwas dicker wird ...»

«Ja, ja; ich verstehe.»

Da kam Damaschke schon aus dem Bad zurück. «Na, was flüstert ihr denn da hinter meinem Rücken?»

«Nur, daß du noch zu retten bist», lachte Kleindienst.

«Aber immer! Gibt's vielleicht einen, der das Gegenteil behauptet hat?» Damaschke sah die beiden an.

Margot hatte inzwischen den Kaffee eingegossen. «So, schnell ein wenig Kaffee – und dann ab mit euch Fußballnarren.»

Es klingelte an der Eingangstür.

«Ah, doch noch Ihre Frau; hat sie sich's anders überlegt?»

«Nora? Ach nein ...»

«Laß mal, ich mach schon auf.» Margot eilte zur Tür, öffnete sie. Draußen stand ein junger Mann, langes blondes Haar, etwas heruntergekommen.

«Ja, bitte, Sie wünschen ...?»

«Ist der Kleindienst hier?»

«Herr Kleindienst? Würden Sie bitte so freundlich sein, mir Ihren Namen ...?»

«Ob der Kleindienst hier ist – sein Wagen steht doch da?»

«Sagen Sie mal, junger Mann, kenn ich Sie nicht von irgendwoher? Ich glaube ...»

«Sicher kenn Sie mich von der Kripo her. Da sollten Sie mich identifizieren ... So – Hände hoch, Mund zu und rein!» In der rechten Hand die Waffe, stieß er sie mit der linken in die Diele.

Margot schrie auf, wollte die Tür noch zuschlagen, doch Reitschuster hatte schon seinen Fuß dazwischen. «Manfred, Manfred, Hilfe, der ...» Sie stolperte in die Diele.

Kleindienst kam herausgestürzt. «Reitschuster – Sie ...!?»

«Alle Mann die Hände hoch – aber dalli!»

«Der ist ausgebrochen!» schrie Damaschke.

«Idiot, meinst du, die hab'n mich schon entlassen? Nimm die Hände hoch – und weg vom Telefon, sonst knallt's!»

Margot schluchzte. «Gehen Sie doch! Was haben wir Ihnen denn getan, Sie ...»

«Was ihr mir getan habt?» fragte Reitschuster. «Lebenslänglich habt ihr mir verschafft. Aber wenn ich alles kann – für 'n andern zwanzig Jahre absitzen, das kann ich nicht!»

Damaschke bemühte sich um Gelassenheit. «Was soll'n das überhaupt? Wovon reden Sie denn eigentlich?»

«Der hier», sagte Reitschuster, «der saubere Herr Bankdirektor, der hat seinen Freund umgebracht, und ich wandere dafür lebenslänglich in den Bau ... Nee, Sir. Nicht mit mir!»

«Sie sind ja verrückt geworden!» schrie Kleindienst.

«Sitz du mal so lange in U-Haft, in 'ner Einzelzelle, dann wirst du's auch. Also: da drüben ist der Schreibtisch, da drüben liegt Papier. Du gehst jetzt rüber und legst ein Geständnis ab – mit allen Einzelheiten ... In zehn Minuten will ich's haben.»

«Mensch, ich hab Harry Reese nicht umgebracht!» schwor Kleindienst.

«Sicher hast du», beharrte Reitschuster, «und ich laß mir keinen Mord in die Schuhe schieben. Also: Zehn Minuten! Und wenn du bis dahin nicht fertig bist, dann knall ich die beiden hier ab, einen nach dem anderen. Ich hab sowieso nichts mehr zu verlieren.»

«Nein! Nein!» Margot flüchtete sich zu Damaschke. «Bitte nicht!»

«Den Herrn Bankdirektor müssen Sie bitten – nicht mich!» sagte Reitschuster.

«Warst du's denn wirklich?» fragte Damaschke.

«Nein! Das ist doch Quatsch ... Harry war längst tot, als wir ihn fanden!»

«Labern Sie nicht blöd rum», sagte Reitschuster, «die Uhr läuft ...»

Polizeialltag. Spannung als Routine. Gonschorek und Schröder saßen in ihrem Streifenwagen, der mit eingeschaltetem Martinshorn und Blaulicht durch die Straße raste.

Gonschorek fluchte. «Wir setzen unser Leben aufs Spiel – und die Idioten da lassen ihn wieder entkommen!»

«Ist jetzt ganz sicher, daß Reitschuster jetzt bei der Rothkegel in der Villa ist?» fragte Schröder.

«Absolut sicher. Wird auch schon alles abgeriegelt.»

«Was will er denn von der?»

«Weiß ich doch nicht», knurrte Gonschorek.

«Ein Glück, daß ihn der Taxifahrer so schnell erkannt hat.»

«Sie hab'n vielleicht 'ne Definition von Glück.»

«Und er soll dem Taxifahrer gesagt haben, fahren Sie mal dem grauen Mercedes da hinterher?»

«Ja, soll er. Wir müssen jede Sekunde Kennzeichen und Besitzer haben.»

In der Villa Dr. Rothkegel war noch nichts Entscheidendes passiert. Mit unterschiedlichen Gefühlen registrierten die vier – Reitschuster, Kleindienst, Damaschke und die Rothkegel – das Eintreffen der Polizei.

«Da hörn Sie's selber», sagte Reitschuster, «die Zeit ist um. Ihre Zeit ...»

«Ihre auch», entgegnete Kleindienst. «Das Haus dürfte inzwischen umstellt sein.»

Reitschuster richtete die Waffe direkt auf Kleindienst. «Na und? Sie bleiben weiterhin stur, oder?»

«Und wenn Sie mich hier foltern: Ich kann nur immer wieder das sagen, was ich bei der Polizei auch gesagt habe!»

«Seien Sie doch vernünftig, Herr Kleindienst!» flehte die Rothkegel.

Kleindienst blieb souverän. «Ich schwöre Ihnen, daß ich mit Harrys Tod nicht das Geringste zu tun habe! Was sollte ich denn auch für'n Motiv gehabt haben – mein ältester Freund ...»

«'n Motiv gibt's immer», sagte Reitschuster. «Vielleicht haben Sie was mit seiner Frau gehabt, oder Sie haben da bei sich in der Bank Muschemusche gemacht, und Ihr bester Freund wollte Sie nur mal 'n bißchen erpressen – der soll ja Weltmeister im Geldausgeben gewesen sein.»

«Das ist doch absurd!» sagte Kleindienst.

«Das ist gar nicht absurd», sagte Damaschke. «Ich hab dich doch oft genug mit Rena zusammen gesehen, im Restaurant beim Essen. Und wer weiß, was ihr nachher ...»

«Nichts! Wir haben auf Harry gewartet und auf Nora gewartet – du spinnst ja!»

Reitschuster kombinierte: «Der spinnt überhaupt nicht. Sie hatten sich den Abend bei Reese im Haus versteckt, im großen Zimmer, und als er dann von oben runtergekommen ist, haben Sie ihn erschossen – das ist es!»

«Ich war den ganzen Abend mit meiner Frau zusammen», versicherte Kleindienst.

Reitschuster machte eine abwertende Handbewegung. «So 'n Alibi, das ist doch lächerlich! Aber ihr hängt ja alle zusammen; wenn's darum geht, Leute wie mich aus'm Verkehr zu ziehen, da haltet ihr doch alle zusammen ... Ich steh draußen bei Harry Reese auf der Terrasse, schneide 'n Loch in die Scheibe und will einsteigen – okay. Da hör ich 'n Schuß und hau ab mit Tempo hundert – als würd ich ahnen, daß sie mir da 'n Mord anhängen werden. Was drin im Zimmer passiert ist, da hab ich nichts von gesehen. Dem Bullen erzähl ich, daß der Reese Selbstmord begangen haben muß, da lacht der mich aus: Keine Waffe mehr da, kein Abschiedsbrief – also Mord ... Und da ich hundertprozentig weiß, daß ich's nicht gewesen bin – ich hab doch keine Macke –, muß es 'n anderer gewesen sein. Und da kommt nur einer in Frage: Der feine Herr Bankdirektor hier.»

«Das können Sie doch auch vor Gericht geltend machen, wenn das die Wahrheit ist», sagte die Rothkegel.

«Haha!» machte Reitschuster. «Und der Richter ist im selben Tennisverein wie der, und sein Rechtsanwalt holt 'n psychiatrisches Gutachten ein, daß ich irgendwie nicht mehr ganz sauber ticke ... Wem glauben die wohl mehr: 'nem sechsmal Vorbestraften, oder 'nem Bankdirektor mit weißer Weste? Wenn du Recht bekommen willst, dann mußtes dir schon selber holen.»

In diesem Augenblick meldete sich Gonschorek von draußen mit einem Megaphon. «Reitschuster, geben Sie auf – Sie haben keine Chance! Kommen Sie raus; Sie verschlimmern Ihre Lage nur noch.»

Reitschuster trat einen Schritt zurück, und es gelang ihm auch, mit der freien Hand eines der vielen Fenster vollends aufzustoßen. «Hauen Sie ab! Und wenn Ihre Scharfschützen zehnmal treffen, dem feinen Herrn hier kann ich noch immer 'ne Kugel durch'n Kopf jagen, da ist immer noch Zeit zu!»

Jetzt hatte sich Schröder das Megafon gegriffen. «Herr Reitschuster, sind Sie damit einverstanden, Ihre drei Geiseln gegen mich einzutauschen? Ich komme zu Ihnen – ohne Waffe, ohne alles –, und Sie lassen die drei laufen ...»

Reitschuster lehnte ab. «Solange Kleindienst kein Geständnis abgelegt hat, lasse ich keinen laufen – Ende!» Er knallte das Fenster wieder zu.

Margot begann wieder zu schluchzen. «Mein Gott ...»

«Ruhe hier!» schrie Reitschuster. «Ich bin doch nicht schuld dran – *der* ist schuld dran! Sagt dem doch, daß er endlich die Wahrheit sagen soll – dann seid ihr draußen, dann seid ihr auf der Stelle draußen!»

«Ich hab nichts zu gestehen und werde nichts gestehen», sagte Kleindienst heiser.

«Okay!» schrie Reitschuster. «Dann knall ich eben einen nach dem andern ab!»

Schreie, Schüsse, ein Tohuwabohu.

«Raus hier, Margot – raus!»

Zwei weitere Schüsse.

Damaschke und der Rothkegel war es gelungen, unverletzt ins Freie zu gelangen. Dies nicht etwa besonderer nahkämpferischer Fähigkeiten wegen, sondern einzig und allein als Folge des Umstandes, daß es Reitschuster vor allem um Kleindienst gegangen war. Und den hatte er tatsächlich packen und festhalten können. Jetzt hing er im Sessel, von einem Leberhaken gefällt.

«Ist es Ihnen so recht, Herr Direktor? Machen wir uns noch ein gemütliches Stündchen, wir beide allein ...»

«Das ist doch sinnlos, was Sie da machen», stöhnte Kleindienst. «Jede Stunde 'ne neue Straftat.»

«Die beiden sind doch mit dem Schrecken davongekommen. Höchstens 'n paar Hautabschürfungen ... Jetzt kann ich mich wenigstens ganz auf Sie konzentrieren, Sie gehen mir bestimmt nicht mehr durch die Lappen – und wenn wir bis morgen früh hier sitzen.»

Kleindienst begann zu taktieren. «Ich habe Harry nicht umgebracht, Sie haben Harry nicht umgebracht – also muß es ein anderer gewesen sein.»

«Der große Unbekannte?»

Kleindienst hatte genügend Managerseminare mitgemacht, wo sie die Leute auf Konfliktlösung drillten. «Ich könnte was gesehen haben, was das Gericht stutzig machen würde ...»

Doch Reitschuster schien nicht anzubeißen. «Die macht keiner mehr stutzig – bei denen bin ich doch längst abgestempelt: Villenschreck erschießt Hausbesitzer! Nee, das läuft nicht. Da läuft nur noch eins: Ihr Geständnis und handfeste Beweise, daß Sie's wirklich waren. Vor allem die Waffe muß her, mit der Reese ... Und wo Sie die versteckt haben, das krieg ich noch von Ihnen raus – ich hab die besseren Nerven, und ich hab einen Revolver.»

«Wie oft soll ich Ihnen noch sagen, daß Sie bei mir an den Falschen geraten sind! Nee, mein Junge, so nich! Komm, laß uns noch mal vernünftig drüber reden, ehe der Schaden immer größer wird.»

«Ihre Vernunft», höhnte Reitschuster, «die kenn ich! Eh ich lebenslänglich in'nen Knast gehe, bring ich mich um. Und eh ich mich umbringe, da nehm ich den mit auf die große Reise, der mir das alles eingebrockt hat. Das ist Sache, Herr Direktor, nichts anderes!»

So ging es geschlagene vier Stunden lang, und der Arzt hatte Zeit genug gehabt, Damaschke und Margot mit Tranquilizern zu stabilisieren. Schließlich hatten sie wieder Mumm genug, sich in eine Taxe zu setzen und zur Villa zurückzufahren.

Sie stiegen aus und sahen sich um.

Damaschke stellte sich auf die Zehenspitzen. «Weiter komm wir nich ran, Margot; da steht immer noch alles voll von Polizei.»

«Nun sitzen sie schon über vier Stunden bei mir im Zimmer», seufzte die Rothkegel.

«Und ich wollte dir noch vorm Abendessen den Tresor einbauen.»

«Wenigstens haben wir's überlebt. Aber der arme Kleindienst da ...»

«Ich seh schwarz für ihn – der ist stur wie 'n Panzer; ich kenn ihn lange genug. Der gibt nicht klein bei, ob er's nun gewesen ist oder nicht.»

«Na, und dieser Gangster erst recht nicht», ergänzte sie.

«Du, guck mal – stell dich auch mal auf die Zehenspitzen ... Da kommt der Kommissar aus'm Polizeibus und geht aufs Haus zu ...»

Gonschorek schrie wieder mal durchs Megafon. «Herr Kleindienst, hören Sie mich? Ihre Frau hat soeben ein volles Geständnis abgelegt. Wir haben die Waffe und wir haben den Abschiedsbrief, den Reese geschrieben hat. Alles klar – es war Selbstmord, Reese hat Selbstmord begangen ... Reitschuster, kommen Sie ans Fenster; Sie können sich die Sachen jetzt ansehen. Das ist kein fauler Trick – Ehrenwort! Frau Kleindienst steht neben mir. Der Mord ist nur vorgetäuscht gewesen ...»

«Der muß doch wahnsinnig sein!» sagte Damaschke.

«Ob sie wirklich rauskommen?»

«Da sind sie schon.»

«Gott sei Dank!»

«Das wird 'n schönen Prozeß geben, da bin ich mal gespannt drauf.»

Bewährung für Benny

Bei uns im Knast ist wieder mal der Teufel los; Bambule heiße ich. Ich liege gerade auf der Krankenstation und weiß nicht genau, was draußen in den einzelnen Teilanstalten passiert. Sie reden davon, daß einer der Knackis tot sein soll ... Von Minute zu Minute werde ich unruhiger.

Doch dies ist nicht meine Geschichte. Dies ist die Geschichte meines Zellengenossen Bernhard Benthin, genannt Benny.

Warum ich sie hier aufschreibe? Das hat mehrere Gründe. Einmal gehst du im Knast unweigerlich vor die Hunde, wenn du abends immer nur fernsiehst oder an der offiziellen Freizeitgestaltung teilnimmst, zum anderen hat mich das mit Benny ganz schön mitgenommen. Lieg du mal 'n halbes Jahr mit einem auf der Zelle, und dann das ... Ja, und drittens will ich mal sehen, ob ich nach meiner Entlassung nicht als Reporter arbeiten kann oder so was ähnliches, denn in meinen alten Job kann ich unmöglich zurück, in meine Bank. Ich hab nämlich unsern Computer in einem günstigen Augenblick so programmiert, daß er mir jeden Monat das doppelte Gehalt gezahlt hat. Rausgekommen ist das nur, weil eine Sekretärin von uns ausgerechnet zu der Bank gegangen ist, bei der ich mein zweites Konto eingerichtet hatte. Idiotischer Zufall.

Aber zurück zu Benny. Sie haben ihn eines Tages zu mir in die Zelle gelegt, weil ich als einer gelte, der andere besänftigen kann. Selbstmordgefährdete Häftlinge kommen seit langem zu Kadschinsky, das ist so Usus hier.

Sie brachten Benny zu mir, nachdem er 'ne Woche lang im Bunker gesessen hatte, der Arrestzelle hier, einem Betonkäfig mit nichts weiter drin als einer Holzpritsche und drei dünnen Decken. Und in diesem Loch sitzt du dann völlig isoliert, Stunde um Stunde, Tag um Tag, bis du endlich durchdrehst. Als Benny mit dem Kopf gegen die Wand lief, pumpten sie ihn mit Valium voll und brachten ihn zu mir nach oben. Und in der zweiten Nacht erzählte mir Benny seine Geschichte.

Aufgewachsen war er in einer Flüchtlingssiedlung am Rand eines mittelgroßen Dorfes, er und seine Schwester Brigitte. Nachdem der Vater gestorben war – ein Arbeitsunfall bei der Bundesbahn –, hatte seine Mutter jeden Halt verloren. Alkohol. Erst 'n bißchen, dann mehr ... Also, jedenfalls, jetzt befand sie sich in der geschlossenen Heil- und Pflegeanstalt Alsterdorf. Brigitte und er waren in verschiedene Heime gekommen, getrennt natürlich, und dann hatte er seine ersten Straftaten begangen, noch während seiner Hauptschulzeit: Ladendiebstähle (mit 14 Jahren; kein Wunder bei dem Fraß, den er zu essen bekam), dann Diebstahl eines Geldbeutels im Freibad, unbefugte Kfz-Benutzung in Tateinheit mit Fahren ohne Führerschein (4 Wochen Dauerarrest), Mopeddiebstahl bei Entweichung aus dem Heim (wiederum 4 Wochen Dauerarrest). Benny war verrückt nach einem fahrbaren Untersatz; es war aber niemand da, der ihm einen schenkte, und Arbeit bekam er auch nicht.

Dann schien alles aus zu sein: Als Mitglied einer jugendlichen Autoknackerbande wollte ihn das Jugendschöffengericht zu einem Jahr Jugendstrafe verurteilen. Doch da hatte Brigitte plötzlich im Gerichtssaal gestanden, energisch und wortgewandt. «Geben Sie ihm eine Chance; jetzt bin ich ja wieder da, jetzt wird alles anders werden. Er kann bei mir wohnen, ich werde für ihn sorgen. Eine Lehrstelle habe ich schon für ihn, im Eisenwarenhandel.» Und sie hatte es tatsächlich geschafft, ihn auf Bewährung freizukriegen.

Brigitte. Acht Semester an der PH in Berlin. Lehrerin und unheimlich engagiert. Immer da für Drogenabhängige und Ausgeflippte. Bis ihr mal einer sagte: «Um jeden Arsch kümmerst du dich, bloß um deinen Bruder nicht!»

Ein Schlag, der gesessen hatte.

So war Benny noch einmal mit einem blauen Auge davongekommen. Eine Vorgeschichte, die ich unbedingt erzählen mußte, sonst wäre das Eigentliche schwer zu verstehen ... Vielleicht muß ich auch noch in aller Kürze berichten, wie's so bei uns im Knast zugeht, sonst kann ein Außenstehender niemals begreifen, warum Benny so gehandelt hat, wie er gehandelt hat.

Ein Tag im Knast, einer von hundert Tagen, einer von tausend Tagen, die alle so sind wie dieser.

5.30 Uhr.	*Klingeln, Schlüsselrasseln, Wecken aus dem Lautsprecher über der Zellentür. Erste Durchsagen. Noch ist es eiskalt hier. Zwischen Waschbecken, Klo, Tisch und Bett ist es so eng, daß man keine Gymnastik machen kann.*

6.00 Uhr.	*Frühstück. Durch die kleine Klappe in der Zellentür werden Margarine, Brot und Muckefuck hereingereicht.*
6.45 Uhr.	*Klingeln. Ausrücken zur Arbeit. In Plastiktüten sind oben Schnüre hineinzuziehen. Tausend Stück als Pensum.*
11.45 Uhr.	*Klingeln zum Einrücken in die Zellen. Essenfassen. Weißkohl oder ähnliches. Kaum Fleisch. Fraß.*
12.00 Uhr.	*Klingeln zum Hofgang.*
13.00 Uhr.	*Einrücken zur Arbeit.*
16.00 Uhr.	*Einrücken in die Zellen. Zählung. Abendessen.*
17.00 Uhr.	*Bei guter Führung Basteln, Sport, Interessengruppen.*
22.00 Uhr.	*Licht aus. Nachtruhe ... und Sehnsucht. Sehnsucht nach Blumen, nach Zärtlichkeit, nach einer Autofahrt ans Meer ...*

Kein Wunder, daß Benny alles daransetzte, nicht wieder hinter Gittern zu landen. Hinter Gittern, wo es schon mal passieren kann, daß jemand von seinen Mitgefangenen in den Tod getrieben wird. Es gibt auch immer mal welche, die an ‹selbstverschuldeten Sturzverletzungen› sterben oder an ‹plötzlichem Herzversagen› ... Die Beamten haben wenig Interesse an einem Skandal.

Unter uns Knackis gibt es eine feste Hackordnung, und ganz oben stehen die, die draußen 'n ganz großes Ding gedreht haben und über viel Knete verfügen. Die geben hier drinnen den Ton an, und für die müssen alle arbeiten, die kein Geld haben und irgendwo in der Kreide stehen, und zwar als Aufpasser, Leibwächter, Geldeintreiber, Heroinverteiler oder Stricher. Die Gefangenen-Mafia hat hier das Sagen, nicht die Beamten; die achten bloß drauf, daß die Glocke übergestülpt bleibt. Brauchst du 'ne ‹Bombe›, das sind 200 Gramm Kaffee, oder 'n ‹Koffer›, das ist 'n Päckchen Tabak – kannst du alles haben, wenn du hier im Bau bist, im ‹Höllenhaus›, im ‹Container› oder auf der ›Müllkippe›, aber auch 'n Schuß Heroin, wenn du 'n ‹Giftie› bist.

Schließt du dich einer der Cliquen an, die hier die eigentliche Macht ausüben, bist du fein raus. Schwerer hast du's schon, wenn du ein ‹square John› bist – einer, der alles macht, was die Beamten mit ihrem

Resozialisierungskonzept für richtig halten. Und wenn du andere denunzierst, also eine ‹Annonce aufgibst›, wie wir hier sagen, bist du deines Lebens nicht mehr sicher. Was bleibt dir also weiter übrig, als mit den Wölfen zu heulen?

So betrachtet, stimmt es schon, daß einer nach seinem ersten krummen Ding viel eher wieder ein ordentlicher Mensch wird, wenn man ihn laufen läßt, als wenn man ihn einsperrt. Da biste dann wie in'ner Drehtür drin. Und da Benny begriffen hatte, wie die Sache lief, hatte er sich echt vorgenommen, die Chance mit der Bewährung zu nutzen ... Aber der Reihe nach ...

Es war ein völlig verregneter Mittwoch im Mai, als Benny die feuchtschmutzigen Stufen zum Büro seines Bewährungshelfers hinaufstieg.

Ob Basikow schon alles wußte?

Bennys Beine wurden plötzlich schwer. Als wäre er zwanzig Stockwerke hinaufgelaufen und nicht zwei. So vertrottelt Basikow auch wirkte, zwei Jahre vor seiner Pensionierung, er wußte alles, was hier im Umkreis von zwanzig Kilometern geschah. Benny blieb stehen und kämmte sich, die nachschwingende Tür zu Basikows Flur als Spiegel benutzend.

Wenn der's wußte, war alles aus.

Benny kannte die entscheidenden Paragraphen im Jugendgerichtsgesetz (JGG). Auswendig sogar. Basikow hatte sie für ihn fotokopiert:

§ 25. Der Bewährungshelfer wird vom Richter bestellt ... Der Bewährungshelfer berichtet über die Lebensführung des Jugendlichen in Zeitabständen, die der Richter bestimmt. Gröbliche oder beharrliche Verstöße gegen Weisungen, Auflagen, Zusagen oder Anerbieten teilt er dem Richter mit.

§ 26. Der Richter widerruft die Aussetzung der Jugendstrafe, wenn der Jugendliche

1. *in der Bewährungszeit eine Straftat begeht und dadurch zeigt, daß die Erwartung, die der Strafaussetzung zugrunde lag, sich nicht erfüllt hat;*
2. *gegen Weisungen gröblich verstößt ...*

«Herein!»

Ohne es zu merken, war Benny weitergegangen und hatte an die braune, die kaffeebraune, die kackbraune Tür geklopft. Die Messingklinke aus Kaisers Zeiten – was die wohl, abmontiert, beim Trödler bringen mochte ... Die Messingklinke war kalt und klebrig.

«Guten Tag, Herr Basikow», hörte Benny sich sagen, und er war unheimlich froh darüber, daß Brigitte ihm gestern abend seine schwarze Lederjacke abgenommen und mitsamt seinem knallroten Sturzhelm irgendwo versteckt hatte. So, wie er jetzt dastand, im weißen Oberhemd, würde Basikow vielleicht milder reagieren.

Er wäre nicht der erste, den Basikow wieder in'nen Knast schickte.

«Nimm Platz, mein Guter», sagte Basikow, nachdem er seine Akten zusammengeräumt und Zeit für einen flüchtigen Händedruck gefunden hatte. «Du weißt sicherlich, wozu ich dich herbestellt habe?»

«Nein», sagte Benny und wußte, daß er noch immer nicht richtig lügen konnte.

«Du bist im Stadion gesehen worden ...»

Benny hatte Mühe, sich zu beherrschen. Am liebsten wäre er aufgesprungen und hätte den Bewährungshelfer umarmt. Der wußte also nichts; Benny war noch einmal davongekommen ... Das mit dem Fußball, das war ja 'ne Lappalie.

«... trotz der Auflage, während der Bewährungszeit jedes Bundesligaspiel zu meiden.»

Bei der letzten Verhandlung – damals, als Brigitte ihn gerade noch herausgehauen hatte –, waren die Autodiebstähle zwar das Hauptdelikt gewesen, nebenbei hatten sie ihn aber auch noch wegen des Krawalls und der Sachbeschädigungen verurteilen wollen, als der 1. FC Köln hiergewesen war.

«Ich war doch letztesmal mit meiner Schwester da, und nich im Block E, sondern auf 'er Tribüne», sagte Benny.

Basikow machte sich Notizen. «Ja, deine Schwester ... «

Benny sah ihm an, daß er mehr dachte, als er bei seinem hohen Blutdruck eigentlich durfte.

«Ich hab sie vorhin angerufen; sie hat das bestätigt. Ich glaub's zwar nicht, aber wenn die wieder ihre linken Aktivisten und ihre Rechtsanwälte mobilisiert, dann ... Ich will noch was von meiner Pension haben, verstehst du? Aber ich warne dich!»

«Ich geh bestimmt nich wieder», sagte Benny ... Bloß nicht in den Knast!

Basikow hatte sich seine Akten vom Beistelltisch herbeigeangelt und begann darin herumzublättern.

«Lassen wir's bei 'ner Verwarnung», sagte er schließlich; «diesmal nur die gelbe Karte!»

«Danke», sagte Benny.

«Bei mir brauchst du dich nicht zu bedanken», sagte Basikow und rieb sich, die Brille nach oben schiebend, die Augen. «Bei deiner Schwester mußt du dich bedanken. Eine phantastische Frau! Wenn du einem Menschen auf der Welt was zu verdanken hast, dann ihr. Ohne sie, da wärst du erst in den Knast und dann ab ins Heim. Hoffnungsloser Fall ... Aber so – das einzige, was einen jungen Menschen wieder auf'n rechten Weg bringen kann, ist eine Familie. Nestwärme! Feste Bindungen! Feste Bezugspersonen! Und wenn's nicht die Eltern sind, dann wenigstens die Geschwister! Du solltest jeden Abend beten, daß sie dir noch recht lange erhalten bleibt, sonst ...»

SONST!

Benny stürzte und stürzte. Basikows Stimme drang nur noch aus Weltraumfernen zu ihm. Er saß vornübergebeugt, zusammengekauert.

«Ist was?» fragte Basikow.

Ja, dachte Benny. Wontorra muß weg. Wontorra, Wontorra ...

Wer ist denn Wontorra? fragte Basikow. Ist das der, mit dem du dich neulich geprügelt hast?

Nein, fragt er gar nicht; ich hab ja den Namen überhaupt nicht genannt ...

Basikow wußte nicht das geringste davon, wie es bei ihnen zu Hause zuging, seit Wontorra da war. Kein trautes Heim mehr, keine Nestwärme; nur noch Zank und Streit. Und vorgestern waren sie zum erstenmal mit Fäusten aufeinander losgegangen ... In dem Augenblick, in dem Basikow erfuhr, was mit Wontorra los war ... *Ab in'nen Knast!* Und das war dann der Anfang vom Ende; darüber war sich Benny im klaren.

Aber noch schien der Bewährungshelfer nichts zu ahnen. Und nachdem sich Benny mit der schönsten Verbeugung, die er noch draufhatte, von Basikow verabschiedet hatte, trat er wieder auf die Straße hinaus.

Was nun?

Mittwochnachmittag hatte er frei; da war der Eisenwarenladen, in dem er lernte, Gott sei Dank geschlossen. Es hatte aufgehört zu regnen. In den Park, 'n bißchen Fußball spielen? Benny zögerte. Die Wahrscheinlichkeit war groß, daß er den einen oder anderen Kumpel wiedertraf, mit dem er das eine oder andere Ding gedreht hatte. Und führe mich nicht in Versuchung ...

Also nach Hause!

Benny trabte los, machte einen weiten Bogen um den Spielplatz, wo die Mütter, sowie das Wetter besser wurde, auf den Bänken saßen und die Kinder vor ihren Füßen herumwuseln ließen.

Jenseits des Parks begann das Villenviertel, und das war ein ferner Planet. Väter wohnten da, die über hunderttausend Mark im Jahr verdienten; Mütter, die in Pelzjacke und Zweitwagen zum Einkaufen fuhren; Kinder, die mal Ärzte, Rechtsanwälte, Professoren, Direktoren sein würden ... Wo war das Raumschiff, das ihn zu diesem fernen Planeten brachte?

Da gab's schon Möglichkeiten, das wußte Benny genau: Als Profi, als Zuhälter, als größerer Dealer, da kam man hoch genug, um dann ins ehrbare Geschäft einzusteigen – Bars, Discotheken, Gebrauchtwagenhandel und so ...

NEIN!

Benny lief schneller und schneller. Er hoffte nur, daß Brigitte schon zu Hause war und Wontorra wieder irgendwo in einem Keller hockte und mit seiner Band was übte.

Doch er hatte Pech. Brigittes Auto stand zwar vor der Tür, aber sie hockte wieder mal, wie sich bald herausstellte, beim Hauswirt, um ihn davon zu überzeugen, daß endlich Steigeleitungen mit ausreichendem Durchmesser verlegt werden mußten. Jahr für Jahr in diesem vergammelten Altbau hausen! Aber dieser Wontorra, dieses Arschloch Nummer eins, den konnte man sich leisten. Er hockte auf Brigittes Bett, spielte Gitarre und sang was Spanisches, irgendwas von Guerilleros in den Bergen Kubas. War schon stark, wie er das machte. Kein Wunder, daß Brigitte auf den abgefahren war.

Schon wenn Wontorra erzählte: «Achthundert Mark wollte der Knabe für den gebrauchten Fernseher haben. Da konnten Leo und ich doch nur höhnisch drüber lachen. Aber ich war nun mal scharf drauf ... Achthundert Mark, dabei hatte er das Ding für vierhundert in Zahlung genommen und nicht mal Staub gewischt, geschweige denn was dran repariert. Glatter Wucher, einfach 'ne Unverschämtheit. Unter siebenhundert wollte er nicht runter. Ich war schon stocksauer. Da ist mir eingefallen, daß ich noch zwei falsche Hunderter in der Tasche hatte, die sie mir bei meinem letzten Job im Hotel angedreht hatten. Mit denen hab ich dann den Fernsehhändler gelöhnt. Fünf Blaue echt, zweie falsch. Immer noch genug für den schrottigen Kasten da. Der wird Augen gemacht haben, als er sein Geld zur Bank getragen hat!»

So war Wontorra: unheimlich clever, unheimlich cool. Einfach Klasse, wie er das machte, das mußte Benny ihm zugestehen. Überhaupt, eindrucksvoll war er schon: 'n Gesicht wie einer aus der Fremdenlegion, hart und voller Narben – er sah aus wie einer, der schon mehrmals durch die Hölle gegangen ist. Dazu die kurzgeschorenen Haare, die er von Synanon mitgebracht hatte.

Zwei Jahre lang hatte er in einem der Synanon-Häuser gelebt, um vom Heroin loszukommen und wieder clean zu werden. Wer da hinein will, muß vier Grundregeln einhalten: 1. Keine Drogen und kein Alkohol, 2. keinen Tabak, 3. keine körperliche Gewalt oder ihre Androhung, 4. Teilnahme am Bewegungstraining. Wer sich nicht dran hält, fliegt raus ... Außerdem muß jeder Neue sich die Haare kurz schneiden lassen, millimeterkurz, wie früher 'n Zuchthäusler. Das soll zeigen, daß einer bereit ist, alles, was vorher war, total zu vergessen. Völliger Neubeginn, Aufbau einer neuen Persönlichkeit. Im ersten halben Jahr darf das Synanon-Haus nur in Begleitung verlassen werden, und gearbeitet werden muß auch, Küchenhilfe und Saubermachen; später werden Umzüge gemacht, und eine Druckerei gibt es noch. Mal was mit eigener Hand schaffen, ein Erfolgserlebnis haben. Ein durch und durch geregeltes Leben, alles von der Gruppe kontrolliert und gesteuert. Harte Bedingungen; da gehen nur die hin, die wirklich schon nahe Null sind. Wie Wontorra beispielsweise, der mit seinen vierundzwanzig Jahren zwischen Kalifornien und Nepal alles kennengelernt hatte, was es an Drogen gab. Eben 'n total kaputter Typ. Bei einem der Wohnungsumzüge, die Synanon machte, hatte er Brigitte kennengelernt und sie zu einem ihrer Gesprächsabende eingeladen. Beim Abschied hatte sie gesagt:

«Komm, zieh zu mir und studier zu Ende ... Du bist doch völlig clean?»

Wontorra hatte schon sechs Semester Psychologie. Er hatte keine Sekunde gezögert. «Okay!»

So war er zu ihnen gekommen. Vielleicht hatte er an jenem Abend nicht einmal gelogen; aber Tatsache war, daß er jetzt wieder zu spritzen anfing und außerdem als Dealer rumlief – wie sollte er auch anders an das nötige Geld rankommen, ohne daß Brigitte was merkte?

Benny wußte es hundertprozentig; es war ja unvermeidlich, daß er hin und wieder einen traf, den er vom Dauerarrest her kannte und der jetzt an der Nadel hing.

Benny war verzweifelt, Benny schlief kaum noch. Wenn er Wontorra anzeigte, war es womöglich aus mit seiner Bewährung. Wenn er ihn hingegen nicht anzeigte, dann war anzunehmen, daß Wontorra über kurz oder lang auch Brigitte anfixte, so wie die ihn liebte. Mit absoluter Sicherheit. Dann war er Brigitte los – und damit war er tot.

Noch hatte er Brigitte nichts gesagt – aus der Angst heraus, daß sie, um Wontorra zu retten, mit ihm auf die Reise ging ... Benny wußte, daß alles so kommen würde, daß es unausweichlich war. Nicht anders, als wenn man auf den Knopf drückt, und der Fernseher geht an. Es war unaufhaltsam.

Er saß in der Küche und starrte aus dem Fenster. Drüben war der Flugplatz. Maschinen starteten, Maschinen landeten. Am Rande des Flugplatzes war die Justizvollzugsanstalt, war der Knast ... Die große Boeing 707, die gerade abhob, flog vielleicht nach Gran Canaria. Oder nach Toronto, nach Stockholm, Zürich ... Und er?

Er kam gut zurecht im Geschäft – Werkzeug, Haushaltsgeräte, Gartenbedarf – alles vom Bildernagel bis zum Rasenmäher. In zwei Jahren würde er ausgelernt haben.

Aber wenn Brigitte drogenabhängig wurde, war alles aus.

Wontorra muß weg. Wontorra muß verschwinden!

Aber wie?

Nächtelang hatte sich Benny das Gehirn zermartert. Im Dauerarrest redete man nicht über den Räuber Hotzenplotz; er kannte viele Methoden, Menschen um die Ecke zu bringen. Woche für Woche verschlang er die Krimihefte; er sah jeden ‹Tatort› und jeden anderen Krimi im Fernsehen, nur um endlich einen Weg zu finden, Wontorra loszuwerden. Das mit dem perfekten Mord, das war doch keine Spinne, das gab's doch wirklich. Nicht im Fernsehen, natürlich: da kriegen sie sie immer. Aber in Wirklichkeit ... Man darf nur die Fehler nicht machen, die sie im Fernsehen machen. Da kann man was lernen, im Fernsehen.

Aber was ihm auch immer einfiel, es mußte an einem ganz konkreten Umstand scheitern: Auch der dümmste Bulle würde auf Anhieb den Täter kennen, wenn Wontorra tot aufgefunden wurde – klarer konnte kein Motiv mehr sein, so schien es ihm.

Wontorra mußte trotzdem verschwinden.

Wontorra oder er.

Wenn Wontorra nicht verschwand, würden sie beide unweigerlich vor die Hunde gehen, Brigitte und er. Vor allem Brigitte. Er mußte sie retten, wie sie ihn gerettet hatte ... Aber Wontorra zu töten, ohne daß sie ihn überführten – das schien ihm unmöglich, wie es unmöglich ist, dem eigenen Schatten davonzulaufen.

Aber noch am selben Nachmittag ...

Es war gegen fünf, da stellte Wontorra seine Gitarre in die Ecke und kam zu Benny in die Küche.

«Haste nich Lust – dreimal um 'n Teufelssee rum?» fragte er. Und als Benny nicht gleich kapierte, was er meinte, fügte er hinzu: «Weißte nich – Jogging ... Das ist doch meine neueste Leidenschaft. So lange laufen, bis du anfängst zu phantasieren.»

«Meinetwegen», sagte Benny. Schnell laufen zu können und mit Ausdauer, das war mitunter recht vorteilhaft.

Sie zogen sich ihre Turnschuhe an und gingen nach unten. Da Wontorra keinen Führerschein hatte, mußte Benny Brigittes gelben Polo fahren. Sie stiegen ein, und Benny schnallte sich an. Der Gurt auf Wontorras Seite war kaputt.

Benny fuhr los. Es waren vielleicht zehn Kilometer, auch 'n Stück Autobahn dabei. Es begann wieder zu regnen. Ein Wetter, bei dem der Wald um den Teufelssee herum garantiert menschenleer war.

Menschenleer ...

Benny durchzuckte es: War das 'ne Falle? Wollte Wontorra ihm zuvorkommen? Was hatte er mit ihm vor? Unwillkürlich nahm er den Fuß vom Gaspedal.

«Schleich doch nicht so», sagte Wontorra.

Benny warf einen schnellen Blick zu ihm hinüber. Wontorra schien zu grinsen. Hinterhältig, verschlagen, teuflisch ...

Klar war das 'ne Falle!

Wenn Wontorra wieder fixte – und Benny war ja überzeugt davon –, dann hatte er bestimmt keine Kraft mehr, dreimal um den See herumzulaufen. Das hatte er nur gesagt, um ihn in den Wald zu locken. Da hatte er womöglich irgendwas vorbereitet.

Benny zitterte. Benny hatte Angst.

Wontorra war stärker als er, hatte mehr Tricks drauf. Gegen den war er ein reiner Amateur. Der hatte seine zwei Jahre Amerika nicht mit Murmelspielen verbracht.

Benny verfluchte sich, weil er so idiotisch nach'm Führerschein gegiert hatte. Kaum war er achtzehn geworden, hatte er einen haben müssen. Mensch, Brigitte, gib mir doch die paar Piepen, die Prüfung ist doch 'n Klacks für mich. Logo; er war schon Hunderte von Kilometern ohne Führerschein gefahren ... Seit sechs Wochen hatte er einen.

Was mochte Wontorra sich ausgedacht haben? Wontorra war intelligenter als er; das war einer mit Abitur. Benny selber hatte eben gerade mit Ach und Krach die Hauptschule geschafft.

Wenn doch irgendwas mit dem Motor passierte; wenn ein Reifen platzte ... Einfach umkehren oder mit einer dummen Ausrede anhalten, das konnte er nicht – da hätte er sich lächerlich gemacht, das Gesicht verloren; das ließ sein Stolz nicht zu.

Wontorra wußte, wie man einen perfekten Mord begeht; das sah man ihm an.

Benny begriff erst jetzt, daß er dem anderen in derselben Weise im Weg war, wie der ihm im Weg war. Aber Wontorra hatte offenbar einen Dreh gefunden, ihn aus dem Verkehr zu ziehen, ohne daß der Verdacht automatisch auf ihn ... Benny fuhr sich selbst zu seiner Hinrichtungsstätte.

Es gab keinen Ausweg mehr. Diesmal nicht.

Sie kamen auf eine stark befahrene Ausfallstraße, vierspurig, aber ohne Mittelstreifen und Leitplanken. Benny fuhr wie in Trance. Da war er inmitten Hunderter von Menschen und niemand konnte ihm helfen. Er fuhr unaufhaltsam seinem Ende entgegen. Eins zu null für Wontorra. Es gab keinen Ausweg mehr.

Doch!

Benny jubelte innerlich und hatte Mühe, sein Triumphgefühl zu verbergen. Den Spieß einfach umdrehen. Wontorra zuvorkommen.

Ihn töten, ohne zum Mörder zu werden ... Na ja. – Ohne daß die Mordabsicht hinterher nachweisbar war:

Einfach den Polo nach links hinüberreißen und sich von einem entgegenkommenden Wagen rechts schräg rammen lassen ... Benny war angeschnallt, Wontorra nicht. Der würde wie ein Geschoß durch die Windschutzscheibe rauschen. Oder, wenn schräg breitseit zu sehr nach ‹breitseit› geriet, den Aufprall voll abkriegen ... Und es war eine faire Sache: Er, Benny, konnte dabei genausogut was abbekommen und die Augen für immer auf Null stellen.

Unwillkürlich gab er Gas und suchte nach einem entgegenkommenden Wagen, der groß genug war, aber nicht zu groß, der schnell genug war, aber nicht zu schnell; er berechnete Kurven und Aufprallwinkel ... Kann man das überhaupt so genau? Wenn's nicht geht, bist du vielleicht selbst dran, Gurt hin, Gurt her ...

Wontorra schien nichts zu merken. Wontorra quatschte weiterhin was von Drogen, Entziehungskuren und der Misere der deutschen Psychiatrie.

Benny zögerte noch.

Wenn es nun im entgegenkommenden Wagen Verletzte gab? Tote? Wenn sie ihm später die Schuld am Unfall gaben? Wenn sie ihn wieder einsperrten? Wenn er trotz Sicherheitsgurt nun auch krepierte? Oder schwer verletzt wurde?

Er sah sich querschnittgelähmt im Rollstuhl sitzen ...

Nein!

DOCH! Sonst killt dich Wontorra. Er hat da im Wald irgendeine Falle aufgebaut – unter Garantie. Für sie beide war kein Platz; einer hatte 'nen Abgang zu machen.

Ein Lieferwagen kam ihnen entgegen ... Jetzt oder nie!

Benny zog den Polo nach links.

Und dann doch wieder auf die Fahrbahn zurück – er schaffte es nicht, er war zu schwach dazu. Also doch ein Feigling. Feiger oder blöder als jedes Schaf. Die wurden noch von anderen zur Schlachtbank getrieben; er trieb sich selber.

Und Wontorra grinste. Wontorra mit seinen vielen Semestern Psychologie. Der hatte ihn längst durchschaut.

Aber ich krieg dich doch! Warum denn gegen einen entgegenkommenden Wagen? Rechts stehen doch genügend Bäume.

Ja.

Doch er kam nicht mehr auf die rechte Fahrbahnseite hinüber; die Autobahn war da, die Auffahrt. Leitplanken.

Aber auf der Autobahn gab es genügend Brückenpfeiler. Da gefährdete er keinen anderen dabei und brauchte keine Verurteilung zu befürchten ... Na ja, es war in jeder Hinsicht weniger riskant.

Alles rausholen aus der Kiste! Mit irgendwas rechts, rechts vorn erwischen, irgendwo gegendonnern, daß Wontorra gleich zu Matsch ...

Benny war sicher, daß er es tun mußte. Für seine Schwester. Es gab nur wenige Menschen in diesem Land, die gut waren; sie war einer davon. Sie durfte nicht diesem Fixer, diesem Dealer ...

Da vorne – die Eisenbahnbrücke! Ein breiter Betonpfeiler und eine abreißende Leitplanke.

Dagegen! Gegen ...!

Benny wollte es mit aller Kraft. Benny schloß die Augen und dachte an Brigitte. Doch seine Hände versagten. Die Befehle vom Hirn kamen nicht an.

Vorbei.

Einen Augenblick lang verlor er jede Orientierung. Das graue Band der Autobahn vor ihm schien steil in den Himmel zu steigen. Es war wie in der Achterbahn. Er hörte einen Aufschrei, spürte, wie Wontorra ins Lenkrad griff.

Erst auf dem nächsten Rastplatz kam er wieder voll an die Rolle. Es war nichts weiter passiert.

«Mann, ich hab wieder mal zu hohen Blutdruck», sagte er, bemüht, alles herunterzuspielen. «Plötzlich ist mir schwarz geworden vor'n Augen ... Morgen geh ich mal zum Arzt.»

Wontorra bestand trotz allem darauf, zum See rauszufahren und zu laufen.

Aha! Also doch.

Zuerst aber mußte Wontorra mal pinkeln.

Benny wartete auf den Augenblick, in dem Wontorra verschwunden war. Motorhaube auf, ein paar schnelle Handgriffe am Vergaser – die Sache war gelaufen.

Kaum waren sie dann fünfhundert Meter gefahren, stand der Wagen wieder. Benny konnte aufatmen. Er war gerettet, und er hatte es vermieden, als Feigling dazustehen. Mit der Reparatur ließ er sich Zeit. Er brauchte so lange, bis es zum Laufen zu dunkel war.

Als sie nach Hause kamen, war es kurz nach sieben. Brigitte hetzte durch die Wohnung, wühlte in allen möglichen Schubladen herum und riß Zeitungsausschnitte und Schnellhefter aus diversen Regalen heraus.

«Was is'n mit dir los?» fragte Wontorra. «Suchste den gestrigen Tag?»

«Nee, aber meine Unterlagen für die Klassenfahrt – ich hab in zwanzig Minuten Elternabend. Wieder herrliches Schlachtfest.»

«Jeder gegen jeden, und die Schulbürokratie gegen alle!» sagte Wontorra.

«Essen wir nicht mehr zusammen Abendbrot?» fragte Benny.

«Unmöglich; ich schaff das nicht mehr.»

Benny war enttäuscht. Heute waren sie alle nach irgendwas süchtig, er war's auch, und zwar nach ihren gemeinsamen Mahlzeiten. Gemeinsam mit Brigitte; auf Wontorra hätte er verzichten können ... Aber wenn Brigitte die Butter aus dem Kühlschrank nahm, die Wurst schnitt, die bunten Sets ausbreitete ... Sie hatte eine Art, die Dinge zu ordnen, die einmalig war. Es war einfach schön, wenn da dann alles nebeneinander stand, auf wunderbare Weise in Farbe und Form zueinander passend, harmonisch ... Er fand es faszinierend, sie hantieren zu sehen.

Er fand sie überhaupt faszinierend. Und mehr als das. Er fand sie ... Sie war seine Schwester. Sie hatte ihn aus dem Knast geholt. Sie war für ihn ... Er fand kein Wort dafür. Worte klingen immer gleich so schwülstig. Auf alle Fälle war sie nicht nur, wie Wontorra meinte, eine Ersatzmutter für ihn. Wontorra, der dreckige Lump, der Dealer, der sie jetzt ...

Sie war eine Persönlichkeit – voller Energie, immer für andere da, rastlos und erfolgreich in einer Welt, an deren Schalthebeln noch immer Männer saßen, auch in Schulverwaltung und Schule. Sie hatte es besonders schwer, seit die Elternvertreter ihrer Klasse gegen sie waren und sie, nachdem sie offen gegen die Berufsverbote Stellung genommen hatte, aus ihrer Schule rausekeln wollten. Ein doppelter Zwang für sie, charakterlich wie fachlich unangreifbar zu bleiben. Und organisatorisch ... Deshalb ihre verzweifelte Suche nach den Unterlagen für die nächste Klassenreise.

Endlich hatte sie den richtigen Schnellhefter gefunden – in ihrer schon gepackten Tasche. Noch schnell kämmen, ein bißchen Make-up.

«Du ...» Sie sah Wontorra von der Toilette kommen: «Leo hat vorhin angerufen, du sollst sofort zurückrufen, mit eurer Hausarbeit stimmt was nicht; ihr sollt euch 'n anderes Thema aussuchen.»

«Warum sagst'n das nicht gleich?» Wontorra eilte zum Telefon, um Leo anzurufen.

Benny wußte, daß es immer ewig dauerte, wenn Wontorra mit Leo sprach. Sie teilten alles, was sich in bezug auf Arbeit teilen ließ. Brigitte meinte immer, Wontorra mache die Psycho und Leo die Logie.

Benny war sauer. Erst das Abendessen mit Brigitte im Arsch, und jetzt auch der Fernseher blockiert, denn Wontorra lag genau da auf'm Teppich, wo auch die Glotze stand. Und man hätte ihm schon 'ne Blumenvase auf'm Kopf zertrümmern müssen, um ihn von da wegzukriegen.

Benny wurde irgendwie das Gefühl nicht los, daß an diesem Mittwoch die Entscheidung fallen würde: Wontorra oder er ... Aber wie? Und was mochte Wontorra seinerseits geplant haben?

Erst mal essen. Benny ging zum Kühlschrank und suchte nach etwas, auf das er Appetit hatte, auch wenn er allein essen mußte.

Da fiel ihm eine geräucherte Forelle entgegen. In eine Folie eingeschweißt und unheimlich lecker. Das war so was, wovon jeder Knacki träumt, wenn er seine Kohlsuppe löffelt. Geräucherte Forelle. Benny war so gierig darauf, daß er die Plastikhülle mit den Händen zu zerreißen versuchte. Es ging nicht. Mit den Zähnen auch nicht. Er legte die Forelle oben auf den Kühlschrank und suchte nach einer Schere.

Als er sie endlich gefunden hatte und sich wieder zum Kühlschrank wandte, sah er, wie Brigitte, schon fertig zum Weggehen und in höchster Eile, die Forelle wieder zurücklegen wollte.

«Laß ma liegen», sagte Benny. «Die will ich essen.»

«Tut mir leid, die hab ich extra für Wontorra mitgebracht; die hat er sich so gewünscht.» Ohne aufzublicken, ohne ihn noch einmal anzusehen, warf sie die Forelle in den Kühlschrank zurück. «Ich hab genauso'n Heißhunger drauf wie du, aber ...»

Sie kam nicht mehr dazu, ihren Satz zu vollenden, denn Benny hatte ihr die Schere vor die Füße geschmissen und war aus der Wohnung gestürzt.

Immer nur Wontorra! Wontorra hinten, Wontorra vorn ...

Aaach – macht doch alle, was ihr wollt!

Er kam erst wieder zu sich, als er im Auto saß und Gas gab. Brigitte ging sowieso zu Fuß. Die Schule war praktisch um die Ecke und Parkplatz gab's da auch keinen ... Weg von hier. Weit weg und nie wieder her! Wenn er morgen früh den Polo verscheuerte, bekam er mindestens fünftausend Eier dafür. Er war noch ziemlich neu und Leute, die Autos ohne Papiere kaufen, gibt's genug. Fünftausend – damit war schon was anzufangen, Mann! Flug nach New York, Flug um die ganze Welt.

Es gab mehrere Umleitungen hier, und so kam es, daß er an Brigittes Schule vorbei mußte und sie die Freitreppe hinaufhasten sah. Erst kam bei der Wontorra, dann die Schule, dann eine ganze Weile gar nichts – und dann erst ihr Bruder. Die Forelle:

Die ist *extra für Wontorra* ...

Am härtesten würde er sie treffen, wenn er jetzt Selbstmord beginge. Mit'm saftigen Abschiedsbrief vorher.

Ein paar Kilometer weiter hatte er diesen Gedanken wieder fallen lassen. Nicht Brigitte war ja schuld an allem, sondern Wontorra.

Er schaltete das Autoradio ein. Irgendwer quatschte was von Umleitungen und irgendwelchen Arschlöchern, die schnell mal zu Hause anrufen sollten. Er war zu faul, auf der Skala was Vernünftiges zu suchen. Mußte ja auch gleich Musik kommen.

Kam aber nicht. Es kam eine Durchsage im Auftrage der Polizei.

... wiederholen wir unsere Warnung vor dem Verzehr geräucherter Forellen, die im Laufe des heutigen Tages auf dem Wochenmarkt Feuerbachstraße gekauft worden sind. Diese Forellen sind durch unsachgemäße Lagerung ungenießbar geworden ... Feuerbachstraße, da ging ja Brigitte immer einkau-

fen. *... verursacht schwere Nervenlähmungen und Herzversagen und führt innerhalb kurzer Zeit zum Tode. Achtung, Achtung, ich wiederhole ...*

Benny schaltete das Radio aus.

Und weiterdrehen! Weiterdrehen auf AFN oder irgendwas anderes, dann wird dir später niemand mehr nachweisen können, daß du die Meldung wirklich gehört hast! So cool wie Wontorra, so cool war er schon lange, und so clever auch.

Wontorra war erledigt. Wontorra war aus dem Rennen. Das hatte er nun von seiner Forelle! Und niemand würde ihm, Benny, auch nur das Geringste nachweisen können – zumal ja Brigitte die Forelle gekauft hatte.

Alles würde wieder in Ordnung kommen; er brauchte nur an den Straßenrand zu fahren und abzuwarten.

Er tat es. Es war das einzig richtige; nervös, wie er war, völlig durchgedreht, hätte er doch nur 'n Unfall gebaut, wenn er weitergefahren wäre.

Zehn Meter vor ihm war eine Telefonzelle, hell erleuchtet und leer.

Geh hin und ruf Wontorra an – du mußt ihn warnen!

Da war eine Stimme, der Benny nicht entgehen konnte.

Nein!

Doch. Wenn du das nicht machst, ist es Mord!

Quatsch. Wenn ich nicht Radio gehört hätte, wäre er doch auch ...

Du hast es aber gehört!

Vielleicht hat er's ja auch gehört?

Hat er nicht. Denn erst hat er telefoniert, und dann hat er Brigittes Stereoanlage eingeschaltet – macht er doch immer. Radio hört er nie.

Vielleicht fährt die Polizei mit einem Lautsprecherwagen durch die Straße.

Hast du schon einen gesehen?

Und dann, es mochte eine Viertelstunde vergangen sein, stand er doch in der Telefonzelle drin, getrieben von etwas, wofür er keinen Namen hatte, das ihm aber Angst machte. Doch so oft er es auch versuchte, immer wieder – niemand nahm den Hörer ab.

Da gab's nur eines: Wontorra war schon lange tot. Hatte sich ganz offensichtlich sofort auf seine Forelle gestürzt, als Brigitte und er aus der Wohnung raus waren.

Benny war erleichtert. Er trug keinerlei Schuld an Wontorras Tod – im Gegenteil: Er hatte ihn zu retten versucht. Schicksal, höhere Gewalt; kannste nix gegen machen ... Morgen früh – er sah das Bild überdeutlich vor sich – würde er Wontorras Pappschild von der Tür abreißen. Dann waren sie wieder allein, Brigitte und er.

Benny war glücklich.

Alles hatte sich so gefügt, wie er sich's herbeigesehnt hatte.

Obwohl ihm keiner was anhängen konnte, war's doch wohl besser, erst nach Hause zu kommen, wenn sie Wontorra abtransportiert hatten. Moment mal – so schnell merkt das vielleicht keiner ... Na, vielleicht ruft er um Hilfe. Oder er knallt so hin, daß man's hört. Wird schon jemand merken.

Er setzte Brigittes Polo wieder in Bewegung und fuhr zur nächsten Disco. Er tanzte ein wenig, fühlte sich aber viel zu schlaff, als daß es ihn irgendwie mitgerissen hätte. Nachdem er mit ein paar Typen herumgequatscht hatte, über Atomkraftwerke und billige Reisen nach Amerika, machte er sich auf den Heimweg.

Es würde schwer werden, Brigitte zu trösten. Davor fürchtete er sich ein wenig ... Aber das schaff ich schon. Sie legt den Kopf an meine Schuler. ‹Du brauchst doch nicht zu weinen, du hast doch mich ...› Überall *Bild*-Reporter. Morgen früh war das dann alles in der Zeitung drin. Die bei ihm im Laden, die würden vielleicht Augen machen! Er und Brigitte – 'ne Viertelseite groß. Mindestens!

Doch als er die Treppe hinaufstieg, war alles ruhig. Einen Augenblick lang war er verwirrt; dann sagte er sich, daß sie Wontorra wohl schon gefunden und abgeholt hatten; Brigitte war sicher mitgefahren.

Oder Wontorra lag noch oben in der Küche. Vielleicht auch im Bad.

Und wenn er nun doch noch ... Benny spürte nur noch einen Impuls: Abhauen!

Aber er blieb, ans Treppengeländer geklammert. Irgendjemand hatte ihn bestimmt schon bemerkt; und wenn er jetzt die Flucht ergriff, legten sie ihm das später womöglich als Geständnis aus.

Cool bleiben!

So stieg er denn vollends nach oben, schloß die Tür auf und drückte sie langsam nach innen.

Überall brannte das Licht.

Benny schrie so, wie er noch nie geschrien hatte.

Im Flur lag Brigitte.

Sie war bald wieder zu Hause gewesen; in der Schule hatte es nach einigem Hin und Her den großen Knall gegeben, die Elternversammlung war geplatzt. Da Wontorra Minuten vor ihrer Rückkehr von Leo abgeholt worden war, und zwar zum Essen, hatte sie die geräucherte Forelle noch vorgefunden und, hungrig, wie sie war, hinuntergeschlungen.

Soweit Bennys Geschichte, wie *er* sie erzählt hatte, und soweit hatte ich sie auch schon aufgeschrieben in dem einen Monat, den ich hier im Krankenrevier zugebracht hatte, ein wenig abgeschnitten von allen Informationen. Jedenfalls kamen sie hier zumeist mit Verspätung an. So auch die Nachricht, daß sich Benny mit einem gewissen Wontorra in die Wolle gekriegt hatte.

«Was denn – den haben sie hier zum Anstaltspsychologen gemacht?» Ich lachte.

«Quatsch!», sagte der Pfleger, der mir das erzählt hatte. «Das is'n ganz normaler Neuzugang – BTM.»

BTM, das hieß, daß Wontorra gegen des Betäubungsmittelgesetz verstoßen hatte; 'n Dealer war er also geworden, 'n ziemlich großer sogar, wie die Höhe seiner Strafe vermuten ließ. Drei Jahre immerhin, eins mehr als Benny (bei insgesamt sieben Vorstrafen).

Ja, es war alles so gekommen, wie es kommen mußte. Beide hatten Brigittes Tod nicht verwinden können. Wontorra war endgültig zum Rauschgift zurückgekehrt, und Benny hatte sich, ganz logisch, zu den Leuten geflüchtet, mit denen er als einzigen noch klar kam: den Vorbestraften und den Profis, die geklaute Autos ins Ausland verschoben. Brigittes Wohnung hatte er anfangs nicht bezahlen können, hatte sie auch nicht mehr betreten wollen. Sein Lehrherr hatte ihn wegen mehrerer Kleinigkeiten gefeuert – und so weiter, und so weiter.

Die Rückfallquote in der Bundesrepublik liegt bei 80 Prozent, und in der Sekunde, in der ich das hier zu Papier bringe, sitzen mit mir zusammen nahezu 60 000 Männer, Frauen, Jugendliche und Heranwachsende in einer der 186 Haftanstalten ein, die wir in der Bundesrepublik haben. Es war also kein Wunder, daß Benny wieder mal im Bau war, sondern eine ganz normale Sache.

Schon am nächsten Tag kannte die ganze Anstalt die Geschichte, wenn auch in mehreren Versionen. Unser Pfleger, selber ein Knacki, hielt uns auf dem laufenden.

«Beim Hofgang haben sie 'ne Weile miteinander gesprochen, dann sind sie plötzlich übereinander hergefallen. Klar, für Benny ist einzig und allein Wontorra schuld, und Wontorra glaubt, daß Benny ihn vergiften wollte. Oder Brigitte – nur, um sie ihm wegzunehmen. Beweise hat er zwar keine, aber ... Benny jedoch streitet ab, überhaupt was von der Forelle gewußt zu haben ... Na ja.»

Beide schworen ihrer Gefolgschaft, aber auch den Beamten, den anderen noch vor Ablauf eines Monats alle zu machen, und niemand zweifelte daran. Es wurden schon Wetten abgeschlossen. Wontorra galt als Favorit.

So fürchtete ich an diesem Abend nicht zu unrecht um Benny. Nach dem Lärm zu urteilen, der von unserem Flügel, der Teilanstalt II, zu mir herüberdrang, war dort im Augenblick der Teufel los.

Pfiffe, Schreie, Schüsse.

Wontorra oder Benny?

Als ich am Fenster angekommen war, sah ich, daß sie jemand auf der Bahre wegtrugen. Das Tuch, das sie über ihn gebreitet hatten, war blutgetränkt.

Der Pfleger kam.

«Na, schieß los!»

«Großer Ausbruchsversuch. Drei Mann. Einen haben sie erschossen, zwei haben's geschafft: Benny und Wontorra ... Die haben uns die ganze Zeit über ganz schön an der Nase herumgeführt – reife Leistung!»

Bei Notwehr sagt man Gott sei Dank

Was gibt es Schöneres, als sich nach getaner Arbeit mit lieben Freunden zusammenzusetzen und bei Wein und Spiel noch ein wenig zu schwätzen. Insbesondere, wenn man auf der Sonnenseite des Lebens angesiedelt ist. Wie zum Beispiel die englischen Kolonialbeamten vergangener Zeiten, die sich zum Sundowner zu treffen pflegten, oder die kultivierteren Leute im Erlengrund, einem Villenviertel, das sich von einem kleinen Flüßchen einen langgestreckten Hang hinaufzog.

Es war kurz vor 19 Uhr, als die Hanikas (*Johannes Hanika – Individuelle Fernsprechanlagen GmbH & Co. KG*) durch den sommerabendstillen Erlengrund fuhren, leise und gemächlich, und vor Reinhard Jaschs Anwesen hielten. Sie wohnten keine zweihundert Meter höher am Hang, aber da sich Lissy letzten Sonntag beim Tennis den rechten Knöchel verstaucht hatte, war Hannes gezwungen gewesen, den unvermeidlichen Mercedes anzuspannen, wie er das nannte. Hannes und Jasch waren Freunde vom ersten Schultag an, und der lag beinahe fünfzig Jahre zurück. Sie hatten sich beide hochgearbeitet, und aus dieser Leistung erwuchs ihr Selbstbewußtsein ebenso wie ihre Gewißheit, daß eine Welt, die ihnen diesen Aufstieg ermöglicht hatte, die beste aller Welten sein mußte. *Auto-Jasch* stand Hanikas Firma in nichts nach, im Gegenteil, Jasch war wegen seines guten Kundendienstes und seiner forsch-humorigen Art, wie er mit den Leuten umging, in der Gegend hier wesentlich populärer als Hanika, was diesen aber nicht im geringsten störte, wie er immer wieder bekundete.

Gleichviel, sie hockten fast jeden Abend zusammen, zumindest jetzt in den Monaten nach Margots Tod.

Hanika half Lissy aus dem Wagen und stützte sie solange, bis sie sich am schmiedeeisernen Gartentor festhalten konnte.

«Geht's mit deinem Fuß?»

«Ja, ich hab ja die Bandage drum.»

Hanika schloß seinen Wagen ab. «Die Leute müssen uns ja für verrückt halten – die paar Meter mit dem Auto. Reinhard hätt doch ebensogut zu uns raufkommen können.»

«Dienstagabend ist bei *ihm* Canasta, da ist er stur.»

Hanika stutzte einen Augenblick. «Der scheint ja gar nicht da zu sein – da vorne ist alles dunkel.»

«Der sitzt hinten auf der Terrasse, ich hab ihn doch eben noch vom Badezimmer aus gesehen.»

«Soll ich klingeln – oder hast du Schlüssel mit?» fragte Hanika.

«Ich hab Schlüssel mit. Hier ...»

Hanika schloß auf und drückte das Gartentor nach innen. «Reinhard – keine Angst, wir sind's nur!»

«Soll er sich doch endlich mal 'n Hund zulegen», sagte Lissy.

«Wer soll'n auf den aufpassen, wenn er im Geschäft ist?» fragte Hanika, während sie den überaus gepflegten Kiesweg hinaufgingen.

«Wo jetzt dauernd was passiert ...» fügte Lissy hinzu.

«Solange Margot gelebt hat – die hat doch das Viehzeug gehaßt», sagte Hanika und wich dem heranprustenden Strahl eines großen Rasensprengers aus.

Da kam Jasch den beiden auch schon entgegen. «Ah, da seid ihr ja ...! Ich dachte schon ...»

«Ist doch erst halb neun», sagte Hanika und fügte mit verstellter Stimme hinz: «Schönen guten Abend, Herr Jasch. Darf ich vorstellen: Hanika mein Name – das ist meine Frau – Lissy.»

«Komm in meine Arme!» Jasch, auch er nun gewollt theatralisch, drückte sie, die fast noch korpulenter war als er, an seine Brust wie ein Bär sein Opfer.

«Paß auf, was so 'n richtiger Witwer is, der is zu stürmisch für dich», warnte Hanika.

«Ja, ja, die alten Besen!» seufzte Jasch.

«Ich sag ja immer – heirate wieder», sagte Lissy.

«Wen denn?» fragte Jasch.

«Mich nicht, da bleibt Hannes hart.»

Hanika fiel in einen wohltönenden Sprechgesang: «Ich hab mich so an dich gewöhnt ...»

Jasch wurde plötzlich ernsthaft: «Für mich ist das Haus hier viel zu groß, aber ich denk ja immer noch, daß Sabina wieder zurückkommt, mit den Kindern, wenn Eccarius sich endlich totgesoffen hat.»

«Ist es denn immer noch so schlimm?» fragte Lissy, während sie um das Haus herumgingen und die Terrasse erreichten.

Jasch rückte ein paar Stühle zurecht. «Schlimm ist gar kein Ausdruck dafür – aber setzt euch erst mal. Decken sind auch da, wenn's nachher zu kühl wird ... Mit den Mücken geht's heute.»

Hanika setzte sich. «Soll sich doch Sabina endlich scheiden lassen.»

«Die kommt doch von dem nicht mehr los», sagte Jasch.

Lissy lachte. «Los kommt sie schon – wenn er abkratzt!»

«Der kratzt nicht so schnell ab – eher kratzt sie ab. Die zieht doch schon jeden Abend mit dem durch die Kneipen. Aber komm, lassen wir das, wir sind hier, um Karten zu spielen. Da, Lissy, misch schon mal.» Jasch schob ihr die Karten hin.

Hanika war bemüht, das Thema zu wechseln. «Für mich gleich 'n paar rote Dreien. Nun setz dich doch endlich mal hin!» Er wollte Jasch auf seinen Stuhl runterdrücken.

«Ich muß doch erst mal den Wein eingießen!» Jasch freute sich am schmatzenden Geräusch, als er den Korken aus einem staubbedeckten Bocksbeutel zog. «So! Du auch, Lissy?»

«Ja, bitte.»

«Wie geht's denn im Geschäft?» fragte Hanika betont interessiert.

Jasch ließ sich in seinen Stuhl fallen. «Da geht's nur noch mit Überstunden, die sind ja wie verrückt nach 'nem neuen Wagen ... Und im September haben wir dann das große Jubiläum – 30 Jahre Auto-Jasch. Sabina sagt ja, wir sollen das jemand anders machen lassen – die ganzen Vorbereitungen, die Einladungen und so ...»

«Mach doch», sagte Lissy. «Hannes hat da 'n kleines Werbebüro, die bereiten jetzt 'ne Werbekampagne für unseren neuen Anrufbeantworter vor, den H 2002.»

«Bist du fort, so ist er da, der Automat von Hanika.»

«Na, prost, darauf müssen wir einen trinken!» Jasch erhob sein Glas.

«Zum Wohl!» sagte Lissy.

Sie stießen an, reihum im jahrelang geübten Ritual.

Lissy kaute den Wein und war zufrieden. «Der ist gut, du, den sollten wir uns auch besorgen, wenn Hannes Geburtstag hat, nächste Woche. 75er Spätlese – kriegst du den sehr viel billiger?»

«Na sicher, machen wir gleich morgen früh. Jetzt spielen wir erst mal. Wer fängt denn an?»

«Na, du», erwiderte Lissy, «immer der, der fragt.»

Jasch stöhnte. «Fünfzig, fünfzig – ich bekomm nicht mal fünfzig zusammen, kein einziger Joker dabei, nicht mal 'n As.»

«Was der immer stöhnt», sagte Hanika, «dabei hat er bestimmt 'n Echten in der Hand.»

«Kannst schon weitermachen, ich leg 'ne schwarze Drei ab.» Jasch tat es und ordnete sein Blatt.

Hanika war dran. «So, ich leg erst mal meine beiden roten Dreien raus ...»

«Zweihundert Miese!» höhnte Lissy.

Hanika war optimistisch. «Wart mal ab. Und dann drei Könige und drei Zehner ...»

Lissy hatte das beste Gehör. «Du, Reinhard, drinnen klingelt das Telefon.»

«Ich hör nix», sagte Hanika.

«Pst!» Jasch hatte sich aufgerichtet. «Tatsächlich! Momentchen mal!» Er legte die Karten verdeckt auf den Tisch und ging ins Zimmer hinein. «Bin gleich wieder da ...» Mit ein paar Schritten war er am Telefon. «Jasch – ja, bitte!»

Eine weinerlich-schleppende Stimme. «Hier ist Frau Hilkenbach – Sie kennen mich ja, die Nachbarin ... Herr Jasch, drüben bei Ihrer Tochter, da randaliert Ihr Schwiegersohn schon wieder ...»

Jasch schoß das Blut in den Kopf. «Bloß nicht wieder die Polizei! Ich will nicht jedesmal – die Kunden sprechen mich ja schon daraufhin an. Bitte ...!» Er schwankte, mußte sich am Schrank festhalten. «Keine Polizei!»

«Nein, nein, darum ruf ich ja an. Vielleicht können Sie mal schnell ...»

Jasch atmete schwer. «Was macht er denn, wie sieht's denn aus – ich meine ...?» Schweißausbruch, die alte Schlaganfallsangst.

Frau Hilkenbach hatte genug Übung, eine Szene wie diese zu schildern. «Er ist so betrunken, daß er unten in der Garage schlafen soll. Ihre Tochter ist oben im Haus ...»

«Gott sei Dank!»

«Hören Sie mal, wie er wieder herumschreit! Ihre Tochter soll 'n anderen Mann oben haben. Jetzt will er seine Pistole aus'm Wagen holen und ... Schnell, kommen Sie – um Gottes willen ...!»

Jasch hatte mit der freien Hand seine Tabletten zu fassen bekommen und mehrere davon auf die Konsole geschüttet. Schnell schluckte er zwei, drei von ihnen hinunter. «Sabina soll sich einschließen und die Kinder auch – ich bin gleich da!» Damit warf er den Hörer auf die Gabel und lief auf die Terrasse hinaus.

Lissy fuhr hoch. «Was ist denn ...?»

«Eccarius schlägt wieder alles in Klump, und wenn Biene 'n Streifenwagen anruft, ist es morgen wieder überall rum. Ich muß schnell mal hin, sonst ...»

«Soll ich nicht lieber mitkommen?» fragte Hanika.

«Nein, laß man, ich bin ja gleich wieder da. Tut mir leid – ihr könnt ja inzwischen 'n bißchen fernsehen.» Jasch lief zur Garage und drückte das Tor hoch.

«Paß auf dich auf!» rief Lissy noch.

«Ja, ja ...!» Sekunden später saß Jasch hinterm Lenkrad und jagte durch die engen, kurvenreichen Straßen des Erlengrundes.

Hanika strich sich mit der Hand über die Augen. «Wenn das man gut geht – auf die Dauer, mein ich ...»

«Was soll er denn machen: es ist doch das letzte, was ihm noch geblieben ist, Sabina, die liebt er doch abgöttisch, und die beiden Kinder ...» Lissy sah einer Düsenmaschine hinterher, die zehntausend Meter hoch in die Dämmerung flog.

«Die Kinder!» sagte Hanika nach einer Weile. «... die sitzen doch schon mehr beim Schulpsychologen rum als in der Schule selber. Hast du nicht gehört, die Carmen, die hat schon wieder leere Cassetten im Kaufhof geklaut.»

Lissy sah ihn an. «Wird Zeit, daß man da mal ernsthaft was gegen Eccarius unternimmt – wenn's nach mir ginge, ich wüßte schon, was ...»

Gerhard Eccarius, knappe fünfunddreißig Jahre alt, war ein so männlich schöner Mann, daß ihm jeder Hollywood-Regisseur bei einer neuen *Quo vadis*- oder *Ben Hur?*-Verfilmung eine der Hauptrollen angeboten hätte. Urgroßvater Italiener, wenn auch nur Hafenarbeiter in Genua und anderswo. Er war gelernter Bankkaufmann, Bankier, Schlagersängerstimme und ein Körperbau, wie ihn sonst nur die erstklassigste Unterwäschereklame bietet (... Zur Bildung gehört auch Body-Bildung).

Was bleibt so einem Mann weiter übrig, als sich totzusaufen, und so war Eccarius ganz folgerichtig einer unserer vielen Gamma-Trinker, das heißt, er war physisch wie psychisch vom Alkohol abhängig geworden, und sein Organismus schrie förmlich danach. Trank er nichts, kam es zu quälenden Entzugserscheinungen; also trank er. In ein paar Monaten würde er die Stufe des Delta-Trinkers erreichen, dann völlig ohne Einsicht in seine Lage und ohne jeden Willen, dem Alkohol zu widerstehen. Intelligenz, all sein Scharfsinn waren auf ein einziges Problem konzentriert: die Beschaffung der nächsten Flasche, für ein paar Kubikzentimeter Flüssigkeit alles preisgebend, alles und alle mit sich reißend.

An diesem Abend hatte er noch heimgefunden; von Freunden in ein Taxi gesetzt, von einem wohlmeinenden Fahrer der Familie wieder zugeliefert, randalierte er jetzt unten im Vorgarten.

«Ich will hier rein, ich will in mein Haus rein. Mach auf! Du machst jetzt sofort auf – oder ...! Wen hast du denn wieder oben bei dir?»

Sabina hatte sich in die erste Etage geflüchtet und dort ein Fenster aufgerissen. «Ich hab keinen hier – schrei nicht so! Wie lange soll denn das noch so gehn!?»

«Dann komm doch runter und mach auf», forderte Eccarius.

«Erst, wenn du wieder nüchtern bist.»

«Ich bin völlig nüchtern», versicherte er.

«Geh in die Garage, schlaf dich aus, so kommst du hier nicht mehr rein!»

Eccarius wurde jetzt so pathetisch, wie es nur Betrunkene werden können. «Komm her zu mir, du bist mein Weib, du gehörst zu mir, ich gehör zu dir. Wenn du nicht sofort aufmachst, dann ... dann nehm ich die Leiter hier und ... und ...» Er schleifte eine Aluminiumleiter über die Steine. «Dann steig ich einfach bei dir ein.» Er bemühte sich, mit der Leiter einen Halt zu finden, rutschte aber an der glatten Fassade immer wieder ab. «Dann fensterln wir ...» Er begann zu jodeln, brach aber abrupt wieder ab, als er seinen Schwiegervater erblickte. «Nanu, wen sehn denn da meine entzündeten Augen: mein Herr Schwiegervater – so 'n Zufall! Komm, mein süßes Herz, hilf mir mal die Leiter halten! Mensch ...! Paß auf ...!»

Jasch suchte seine Finger von der Leiter zu lösen. «Laß die Leiter los – du kannst da nicht rauf, du brichst dir's Genick dabei.»

Eccarius trat einen Schritt zurück. «Das willst du doch, lieber Herr Schwiegervater», lallte er, «na sag schon, da freuste dich doch – oder ...?»

«Komm, Gerhard, sei jetzt vernünftig!»

«Dann sag deiner Tochter jetzt, daß deine Tochter jetzt aufschließt», beharrte Eccarius.

Jasch versuchte es andersherum. «Komm, wir fahrn noch in die Stadt, in 'ne Bar, ich lad dich ein.»

Eccarius ließ die Leiter zu Boden fallen. «Du und mich einladen – du!

Nee, du, von dir laß ich mich nicht einladen – du bist mir nicht standesgemäß. So weit unter mir bist du – ich seh dich gar nicht mehr! Ein mieser kleiner Autohändler bist du, das bist du!»

Sabina war noch immer beherrscht. «Mein Gott, Vater, laß ihn in Ruhe, fahr wieder nach Hause!»

«Du fette kleine Kröte du! Uns hat schon die halbe Stadt gehört, da habt ihr bei euch im Keller noch euren eigenen Dreck gefressen. Is doch so – oder is es nicht so!?» Er packte Jasch vorn am Jackett und schüttelte ihn.

Jasch wehrte ihn ab. «Pfoten weg von meiner Jacke! Was gehört dir denn jetzt noch – dir gehört ja nicht mal dein Anzug.»

«Kommt alles wieder, kommt alles wieder», lachte Eccarius.

«Das einzige, was bei dir wiederkommt, sind deine Offenbarungseide.»

«Und dann zertret ich dich, wie ich diese Tomate hier zertrete – so!» Eccarius trat so kräftig zu, daß der rote Matsch hoch hinaufspritzte.

«Aus den Beeten raus!» schrie Sabina.

«Euch zertret ich alle, alle zertret ich euch!» Eccarius zerstampfte alles, was ihm unter die Füße kam, Kräuter und Früchte.

Jasch rüttelte an der Haustür. «Biene, los, pack deine Sachen zusammen, nimm die Kinder, ihr kommt jetzt mit – endgültig!»

«Laß ihn in Ruhe, Vater, schrei nicht so!»

«Du läßt dich von ihm scheiden – morgen gehn wir beide zum Anwalt. Meine Tochter hat was Besseres verdient als diesen Säufer hier, diesen Lumpen, der alles kaputtmacht.»

Eccarius ballte die Fäuste, setzte an, sich auf Jasch zu stürzen und auf ihn einzuschlagen. «Lump ... Sag das noch mal, du, sag das noch mal ...!»

Sabina warf einen Papierkorb nach ihnen, so daß sie erst mal voneinander abließen. «Gerhard – Vater! Auseinander! Ich bin gleich unten ...»

Eccarius schrie: «Sag das noch mal – los, sag schon ...!»

Jasch nahm die Hände nach unten. «Schlag doch zu, los, schlag zu, dann sitzt du wenigstens für den Rest deines Lebens im Kittchen, dann haben wir endlich Ruhe vor dir, ein für allemal!»

In diesem Augenblick war Sabina unten angekommen, hatte die Tür aufgeschlossen. «Gerhard, du verschwindest jetzt in der Garage, und Vater, du fährst sofort wieder nach Hause! Diese Hilkenbach, diese alte Kuh!»

Unvermittelt wurde Eccarius weinerlich. «Keiner versteht mich, keiner ... Aber ihr werdet euch alle noch wundern ...» Er ging nach hinten zur Garage, wo er eine Matratze liegen hatte, und riß dabei mehrere Gartenstühle um.

Jasch nahm seine Tochter in die Arme. «Mein Gott, Biene, das muß doch mal ein Ende haben, das kann doch nicht immer so weitergehen!»

Sie machte sich los. «Was soll ich denn machen?»

«Dich von ihm trennen.»

«Allein geht er doch zugrunde.»

«Und so geht ihr alle zugrunde.»

«Siehst du denn nicht, daß er krank ist», sagte Sabina.

«Dann soll er doch wieder in die Anstalt», sagte Jasch.

«Da geht er doch vor die Hunde.»

«Eher gehst du vor die Hunde, was?»

«Das verstehst du nicht.» Sie wandte sich ab.

Jasch wurde lauter. «Du lebst nicht nur für dich, du lebst auch für die Kinder. Und die verkommen doch, wenn das so weitergeht – dauernd diese Szenen hier! Der hat euch bald alle auf dem Gewissen. Weißt du, was das in meinen Augen ist: ein Verbrecher ist das!»

Sie starrte ihn an. «Ist er nicht! Hör auf, so von ihm zu reden. Der hat mehr Menschlichkeit als ihr alle zusammen, du und deine Clique – Hanika, dieser alte Raffzahn! Wenn er nicht getrunken hat, gibt's keinen besseren Vater für meine Kinder als ihn, keinen einzigen!»

«Wenn er nicht getrunken hat», höhnte Jasch, «er hat aber immer getrunken!»

«Es wird doch schon besser.»

Jasch wurde sarkastisch: «Klar, weil ihr jetzt immer zusammen durch die Kneipen zieht und du ihm die Hälfte wegtrinkst!»

Sie ließ sich nicht beirren. «Er ist mein Mann – willst du das endlich mal begreifen!»

«Und du bist meine Tochter – das solltest du auch mal begreifen!»

«Ich bin dreiunddreißig und ...»

«Meine Tochter bist du auch dann noch, wenn du achtzig bist!»

Sie wurde schärfer. «Geh jetzt, bitte – ich hab dich nicht gerufen.»

«Ich weiß schon, wo ich hingehöre. Du kommst jetzt mit – oder ich ruf morgen beim Jugendamt an. Ich kann doch nicht mitansehen, wie meine einzige Tochter von diesem Lumpen zugrunde gerichtet wird.»

Sie versuchte, ihn zur Straße zu drängen. «Ich bitte dich jetzt zum letztenmal – fahr wieder nach Hause! Du warst ja vom ersten Tag an gegen Gerhard; wenn du nicht dauernd gegen ihn gehetzt hättest, wär alles anders gekommen. Und jetzt stehst du hier rum und ...»

In diesem Augenblick kam Eccarius in seinem Wagen aus der Garage geschossen, hielt an und ließ den Motor aufheulen. «Ich fahr jetzt los, ich fahr jetzt gegen den nächsten Baum – dann seid ihr mich endlich los!»

Sabina riß an der Tür. «Gerhard – bist du verrückt geworden, steig da sofort wieder aus!»

«Dann habt ihr endlich wieder eure Ruhe!»

Sabina bekam die Tür nicht auf. «Vater – das Gartentor zu! Steh doch nich so blöd rum!»

«Die Pfoten weg vom Tor – ich fahr dich um!» Eccarius tippte kurz aufs Gaspedal.

Jasch schrie auf. «Mein Fuß – bist du denn ...!?»

«Weg da, oder ich zerquetsch dich ...»

«Er hat mich angefahren – mein Bein!» Jasch rieb sich das rechte Knie. «Das ist Körperverletzung, ich werd dich ...»

Sabina lief neben dem Wagen her, der langsam auf die Straße zurollte. «Mensch, das bißchen, nun jammer doch bloß nicht so, ist ja noch dran, dein Bein. Los, Gerhard, stell den Motor ab, gib mir den Schlüssel!»

Eccarius weinte jetzt, gab sich völlig dem Selbstmitleid hin. «Ich fahr gegen 'n Baum, da kann mich keiner mehr von abhalten; ich richte euch ja doch nur zugrunde. Ich will nicht der Mörder meiner Kinder sein, ich nicht. Ich will mich meiner Verantwortung nicht entziehen, ich nicht, ich weiß, was ich mir und meiner Familie schuldig bin. Ihr sollt nicht immer nur schlecht von mir denken ...»

Sabina kannte das. «Ist ja gut, hör schon auf, wir wissen ja, daß du 'n prima Kerl bist. Komm, gib jetzt den Schlüssel, du kannst auch bei mir oben schlafen.»

Eccarius kümmerte sich nicht um ihre Worte. «Nein, ich fahr jetzt los – mein Entschluß ist unumstößlich: ein Mann, ein Wort!»

Jasch beugte sich zu seiner Tochter herab und flüsterte: «Biene, laß ihn doch ...!»

Eccarius tönte weiter. «Lieber ein Ende mit Schrecken als ein Schrekken ohne Ende –»

Jasch wurde noch eindringlicher. «Biene, laß ihn doch, besser kann's doch gar nicht kommen.»

Endlich gelang es ihr, die Wagentür aufzureißen. «Raus jetzt mit dir, verdammt noch mal!»

Eccarius klammerte sich ans Lenkrad. «Ich bleib hier drin, ich will hier sterben!»

Sabina setzte alle ihre Kräfte ein. «Laß das Lenkrad los! Vater, hilf mir doch mal!»

Jasch rührte sich nicht von der Stelle. «Laß ihn doch, wenn er nicht will.»

Da gab Sabina nach. «Na schön, dann rutsch auf den anderen Sitz rüber, ich fahr mit in die Stadt.»

Jasch wollte sie noch zurückreißen, aber sie war schneller als er. «Ich hab's satt, deine Sprüche zu hören! Geh ins Haus und kümmere dich um die Kinder. Carmen muß morgen früher zur Schule, der Stundenplan hängt überm Kühlschrank.»

«Das Schwein, das!» Jasch spuckte gegen die Windschutzscheibe.

«Ich kann ihn doch nicht so einfach verkommen lassen», sagte Sabina.

«Lieber verkommst du, was!?» schrie Jasch.

«Na und!» Sie gab Gas, der Wagen raste davon. Jasch starrte ihm hinterher, kam erst wieder zu sich, als Frau Hilkenbach am Gartenzaun erschien.

«Ich hab alles mit abgehört – ist das nicht furchtbar, Herr Jasch?»

«Meine einzige Tochter – und geht langsam vor die Hunde ...»

«Jetzt ziehn sie wieder zusammen durch die Bars, und morgen früh lädt sie irgendein Taxifahrer hier ab. Ihre Tochter – so ein netter Mensch ...»

«Was soll ich denn machen?»

«Bei Ihrem Schwiegersohn, da hilft doch auch keine Entziehungskur mehr, sie haben's ja oft genug probiert. Aber Ihre Tochter, die ist ja auch bald Alkoholikerin, wenn's so weitergeht.»

«So kann's nicht weitergehen ...» sagte Jasch.

«Bei Carmen ist Licht angegangen – kommen Sie, wir sehen mal nach den Kindern.»

Ältere Leute, die ihn zum erstenmal sahen, meinten einhellig, Eccarius habe ein gewinnendes Wesen. Insbesondere wenn er nüchtern war oder nur wenig getrunken hatte, was bei ihm allerdings immer mehr zur Ausnahme wurde, ließ er seinen Charme spielen, was alle Damen zwischen siebzehn und siebzig, gleich aus welchem Milieu sie stammten, faszinierte, die unnachahmliche Mischung von Operettentenor und dekadentem Poeten. Charmant und elegisch, war er verliebt in sich und seine Vergangenheit, niemals aggressiv oder gar bösartig, auch nicht, wenn er voll unter Strom stand. Oder war das nur Fassade?

An diesem Morgen war er ziemlich gut beieinander, und so regte er sich nicht sonderlich auf, als gleich nach dem Frühstück draußen geklingelt wurde. Offenbar, wie ein schneller Blick aus dem Fenster ergab, ein Monteur, der was reparieren wollte. Sein blauer Monteuranzug ließ darauf schließen.

Eccarius, in weißen Shorts und dunkelblauem T-Shirt, stand im Windfang und suchte den frühen Besucher zu identifizieren. «Ja, bitte ...?»

«Kattlick – von der Firma Auto-Jasch – ich soll hier was reparieren.»

«Ah, mein Schwiegervater schickt Sie ...»

«Ihre Frau hat angerufen, ob einer von uns mal 'ne Stunde Zeit hat.»

Sabina stand in der Küchentür, die Kaffeetasse in der Hand. «Ja, geht in Ordnung, laß ihn rein.»

«Dann komm Sie mal, Kattlick, das Tor ist nicht abgeschlossen.» Eccarius ging ihm ein paar Schritte entgegen.

Kattlick kam über den Rasen. «Die Scheiben da oben – ja?»

«Ja, im ersten Stock die ... Ich wollt die Dachrinne saubermachen und bin aus Versehen mit der Leiter rein.» Eccarius war ganz gelassen.

«Das kriegen wir schon wieder hin», sagte Kattlick.

«Sie sind Glaser, ja?»

«Nee, Kfz-Schlosser, aber so was is doch 'n Klacks.»

«Dann kommen Sie mal hier die Treppe rauf.»

«Danke, ja.» Sie stiegen in die erste Etage hinauf. «Hab ich ja Glück gehabt, daß ich gleich beim erstenmal jemanden angetroffen habe ...» Kattlick bemühte sich ganz offenbar um ein lupenreines Hochdeutsch; es klang ein wenig ungewohnt und komisch.

«Ich geh heute erst später ins Geschäft, aber meine Frau muß gleich los.»

«Hat die nicht die Schuhboutique in der Bahnhofstraße?»

«Ja, hat sie.» Sie waren oben angekommen.

Kattlick staunte, als er die silberblitzenden Regale erblickte, die in Eccarius' Arbeitszimmer mehr als eine Wand einnahmen. «Ah, sind das alles Ihre Pokale?»

«Von damals noch, ja ...» sagte Eccarius. Das war, als seine Bank noch ihm gehörte, das Bankhaus Eccarius. Das Lebenswerk seines Vaters, wie die Leute hier sagten. Und der Sohn versäuft es nun ...

«Gerhard Eccarius auf ‹Pharao›», las Kattlick, «Deutschland– Halle, Berlin, Mächtigkeitsspringen, 4. Platz – toll!»

«Nun komm'n Sie mal – da geht's zum Schlafzimmer, Zollstock haben Sie ja mit.»

«Ja, ich laß mir die Scheiben dann gleich beim Glaser zuschneiden.»

Eccarius blieb stehen. «Sie haben 'ne unheimliche Ähnlichkeit mit meinem Bruder ...»

Kattlick grinste. «Vielleicht bin ich's?»

«Quatsch, der ist seit fünfundsiebzig tot, Magenkrebs, für so was scheint unsere Familie anfällig zu sein.»

Sabina schrie was von unten herauf. «Wenn Sie fertig sind, Herr Kattlick, dann können Sie mir noch den Anschluß für den Wäschetrockner legen, ins Bad, ich hab's Ihnen schon aufgezeichnet.»

«Ja, mach ich», sagte Kattlick.

«Ich fahr dann los», sage Sabina.

«Ja, tschüß, du ...» Eccarius winkte nach unten.

«Und wenn Carmen aus der Schule kommt, denk daran, daß sie was ißt. Und Carsten soll um drei mit den Hausaufgaben anfangen.»

Eccarius' Begeisterung hielt sich in Grenzen. «Ja, mach ich!»

«Bis dann.» Sabina knallte die Tür zu.

«Mann, ich bin doch nicht das Dienstmädchen hier!» murmelte Eccarius.

«Wenn das meine wär ...» sagte Kattlick.

«Dann würd's Ihnen genauso dreckig gehen wie mir.»

Kattlick verfiel erneut ins große Staunen. «Aber die hat doch Knete, da ist doch was dahinter. Und außerdem: ich hab selten so 'ne tolle Frau geseh'n!»

«Ach, Scheiße! Trinken Sie 'n Schluck mit?»

«Ja, aber 'n kleinen nur. Wenn ich in die Firma zurückkomme und Ihr Schwiegervater riecht was, dann ...»

«Der ist doch schuld an allem, der hat doch meine Frau von Anfang an aufgehetzt gegen mich. Mensch, ihr habt soviel Arbeitsgruben bei euch in der Halle: Kann der sich nicht mal das Genick brechen!»

Das war so ganz leichthin gesagt.

Ein Sommertag. Hanikas fünfzigster Geburtstag. Welch Geschenk, diesen Ehrentag im Kreise seiner Lieben begehen zu dürfen, und noch dazu auf der Terrasse eines Hauses, für das man bald eine Million Mark verlangen konnte – und bekam. Die Firma so gesund wie der Mann selber. Fröhliche Menschen ringsum. Alles wie auf einem Werbeplakat jener Partei, die über alles Positive waltet, Hanikas Partei.

Der Nachmittag, retrospektiv und besinnlich, war den älteren Verwandten vorbehalten. Die Kaffeetafel war so schön, wie sie's im Fernsehen immer zeigten; Lissy hatte auch wirklich Jacobs *Krönung* genommen, und alle genossen ihn, bis auf die natürlich, die was mit der Galle hatten. Die Spaziergänger, die vorüberkamen, blickten neidvoll herüber, insbesondere die aus den Hochhäusern und den Sanierungsgebieten verwitterter Städte. So was hier müßte man haben . . .

Hanika genoß die Idylle, war stolz darauf, daß er mit Fleiß und Ausdauer diese Oase geschaffen hatte, dieses Stückchen heiler Welt, wo's überall nur Mord und Totschlag gab, Streiks und Demonstrationen, wo keiner mehr richtig arbeiten wollte und die Leute an nichts mehr glaubten. Dankbarkeit, so was kannte ja heutzutage keiner mehr. Er, er war noch voller Dankbarkeit.

Seine Mutter erhob sich, es wurde ruhig.

«Mein lieber Junge!» begann sie. «Wir haben zu deiner Geburt ein Gedicht für dich gemacht, das erste, dann zur Einschulung, zur Konfirmation, zur Verlobung, zur Hochzeit und zuletzt zur Silberhochzeit – und nun natürlich auch zu deinem 50. Geburtstag.» Verhaltener Beifall der etwas mehr als zwanzig Gäste.

«Wir sitzen heut fröhlich beisammen,
Zu feiern ein sehr schönes Fest;
Die Paten, Verwandten und Freunde
Gratulieren aus Ost und aus West.

Wir wünschen zum heutigen Tage
Unserm Hannes viel Freude und Glück,
Gesundheit zum fleißigen Schaffen . . .»

Sie wurde durch einen im Tiefflug über die Terrasse hinwegrasenden Düsenjäger unterbrochen.

«Gesundheit zum fleißigen Schaffen:
Immer vorwärts und niemals zurück!

Wie leuchten die Augen der Eltern,
Schaun heut ihren Großen sie an!
Er war stets fleißig und strebsam

Und ist jetzt mit fünfzig ein allseits
geachteter Mann.

Und sind auch die Zeiten recht trübe,
Heut wollen wir fröhlich nur sein;
Mög Gott dich beschützen, behüten,
Bewahr'n dich vor Not und vor Pein.

Wir nehmen nun unsere Gläser
Und soll es erschallen mit Macht:
Ein Hoch sei unserm lieben Hannes,
Ein Hoch unserm Fünfzigjährigen gebracht!»

Hochrufe. Man stieß an, und dann wurde gesungen. «Hoch soll er leben, hoch soll er leben, dreimal hoch!»

Hanika war sichtlich gerührt. «Herzlichen Dank, dir, liebe Mutti, vor allem herzlichen Dank für dein wunderschönes Gedicht!» Er beugte sich zu ihr und küßte sie auf die Stirn. «... aber auch allen anderen Gästen für ihr Kommen und für all die lieben Glückwünsche und Geschenke ...»

«Na, schließlich wird man in diesem Leben nur einmal fünfzig ...» sagte Onkel Ernst. «Ob du noch sechzig wirst, wenn das so weitergeht ...?»

Lissy hob ihre Stimme. «Nun kommt, regt euch nicht wieder auf; heute wird mir kein Wort über Politik geredet.»

«Aber die Regierung, die wir heute haben, wenn die weiter so macht wie bisher, dann ...»

«Hier, Onkel Ernst, hast du noch 'n Stück Torte, Schwarzwälder Kirsch, stopf dir 'n Mund damit!»

Hanikas Mutter nippte noch einmal am Sektglas. «Sag mal, Hannes, warum ist denn dein alter Freund Reinhard Jasch nicht hier? Ich seh ihn doch da unten bei sich im Garten ...?»

«Der kommt später, seine Kinder sind gerade da. Routinebesuch – die kommen jeden ersten Sonnabend im Monat.»

«Ich seh das nicht mehr so richtig. Aber der da unten, der da am Schwimmbecken steht, der im blauen Sweater, ist das nicht sein Schwiegersohn?»

«Soll ich dir 'n Fernglas holen?» fragte Lissy.

«Ich kenn doch schließlich beide.»

«Ja, der Jüngere, das ist Eccarius», erklärte Hanika.

«Schrecklich, ich hab ihn neulich im Stadtpark gesehen – mit den Wermutbrüdern auf einer Bank!»

«Ja, der ist richtig alkoholkrank, wie sie jetzt dazu sagen, da hilft wohl nichts mehr.» Lissy kippte ihren Cognac.

«Man muß bloß richtig wollen!» sagte Onkel Ernst.

«Und die Sabina war immer so ein anständiges Mädchen. Hat sie dir schon gratuliert?»

«Ja, Mutter, vorhin schon, jetzt ist sie mit den Kindern mit den Rädern weg. Das machen die immer, zum Stausee runter.»

«Wie man das alles hier oben vom Hang aus sehen kann!»

«Luftlinie sind es vielleicht hundert, hundertfünfzig Meter, aber wenn man den Weg hinten runtergeht ...»

Onkel Ernst beugte sich vor. «Guck mal, jetzt kriegen die Streit miteinander; Mensch, wie die aufeinander losgehen! Die streiten sich um 'ne Schnapsflasche!»

«Das kommt bei denen öfter mal vor», sagte Lissy.

«Mein Gott, das ist ja fürchterlich, die beiden schlagen ja aufeinander ein.» Die alte Dame war empört.

Hanika sprang ans Geländer und brüllte was den Hang hinunter: «Reinhard, Eccarius – Mensch! Hört doch auf damit, macht doch keinen Quatsch!»

Lissy war schon in Panik geraten. «Hannes, ist das nicht 'ne Pistole ... Eccarius ...! Hannes, schnell, hol dein Jagdgewehr, der kann doch Reinhard nicht einfach ...»

Ein trockener, kurzer, unwirklicher Knall.

«Der schießt, das war 'n Schuß! Habt ihr gehört, der hat geschossen!» Hanikas Onkel erstarrte.

«Reinhard hat ihn umklammert ...»

Hanika versuchte es noch einmal. «Eccarius, sind Sie verrückt geworden! Die Pistole weg, auseinander!»

«Die Polizei, Hannes, ruf die Polizei an!»

«Eh die da sind ... ich lauf selber runter.»

«Mach dich nicht unglücklich, Hannes, bleib hier, Hannes!»

«Ruf du an, ich spring hier den Hang runter!» Hanika rannte los, riß Teller und Tassen vom Tisch, war nicht mehr aufzuhalten.

«Jetzt schießt der noch mal!»

Eine knappe Stunde später saß Hanika in Jaschs «Herrenzimmer» und wartete auf die Fragen des Kriminaloberkommissars Furmaniak, eines, wie er fand, glücklicherweise recht atypischen Beamten, noch keine dreißig. Hätte sein Sohn sein können. Womit er auch ganz andere berufliche Möglichkeiten gehabt hätte. Nun ja.

Blaulichtblitze drangen durch die halb heruntergelassenen Jalousien.

«Der Krankenwagen», sagte Hanika und wollte aufspringen, «Jasch wird abgeholt.»

Furmaniak verstellte ihm den Weg. «Nicht doch, Herr Hanika, bleiben Sie hier – jetzt können Sie auch nichts mehr dran ändern.»

Fürchterlich!»

«Wir haben schon Schlimmeres gesehen ...» sagte Furmaniak.

Hanika fiel auf seinen Stuhl zurück. «Sie ja, aber wir ... Ein winziges Stück Metall, und alles ist aus ...» Das Telefon unterbrach ihn.

Furmaniak nahm ab. «Ja, bitte ...?»

Es war sein Mitarbeiter. «Haiduck hier. Seine Tochter und die Kinder haben wir immer noch nicht gefunden.»

«Mein Gott, die können doch mit ihren Klapprädern nicht Hunderte von Kilometern gefahren sein.» Furmaniak wickelte sich die Telefonschnur um den Finger.

«Ich versteh's ja auch nicht.»

«Bleibt nichts weiter übrig als weiterzusuchen.»

«Okay!» Haiduck legte auf.

«So ...» Nun zog sich auch Furmaniak einen der hochlehnigen Stühle heran. «Und Sie haben da oben bei sich auf der Terrasse gesessen und alles mitangesehen?»

«An meinem Geburtstag, ja, 'n schöner Geburtstag ist das ...» Hanika stöhnte.

Furmaniak stand schon wieder auf, ging zum Fenster. «Hunderfünfzig Meter maximal, läßt sich schlecht schätzen ... Immerhin erkennt man doch, daß die ältere Dame 'n geblümtes Kleid anhat, 'ne Brille hat sie auch noch auf, oder ...?»

«Das ist meine Mutter, ja.»

«Wie viele Leute waren Sie denn ...?»

«Waren Sie mal ...» Hanika dachte nach. «Zweiundzwanzig – mit mir zusammen.»

Furmaniak nickte. Und die konnten alle mit ansehen, was hier unten im Garten passiert ist?»

«Ja, es war schrecklich. Ich bin ja dann nach unten gerannt, quer durch die Gärten, aber da war's ja schon zu spät zu ...»

«Wielange hatten sich denn die beiden schon gestritten?» fragte Furmaniak, während er sich Notizen machte.

«Seit Sabina und die Kinder mit den Rädern weggefahren sind.»

«Und wie hat sich das so geäußert, ich meine, was hat Jasch getan, was hat Eccarius getan – soweit Sie das sehen konnten ...?»

Hanika dachte einen Augenblick lang nach. «Es ging wohl los, als Eccarius in der Küche 'n Drink oder so was gesucht hat – jedenfalls kam er raus mit 'ner Flasche in der Hand, und Jasch wollte ihm die Flasche wieder wegnehmen.»

«Worauf Eccarius rot gesehen hat?»

«Offenbar ja. Ich weiß nur, daß sie sich angeschrien haben – das hat man bis oben rauf gehört. Fette kleine Kröte, versoffenes Schwein – und so was», erinnerte sich Hanika.

«Und Jasch hat Eccarius die Flasche dann aus der Hand geschlagen?»

«Ja, da vorne ins Schwimmbecken rein; die schwimmt noch da, links an der Leiter.»

«Ah ja ...»

«Eccarius ist dann wieder rein ins Haus ...»

«... um sich 'ne neue Flasche rauszuholen?»

«Ich glaub ja.»

Furmaniak suchte die nächste freie Seite in seinem Notizbuch. «Klar die Reaktion: Dir werd ich's schon zeigen, ich kann doch schließlich machen, was ich will. In der linken Hand hatte er also die Flasche und in der rechten die Pistole?»

«Wir haben dann nur noch auf die Pistole geachtet ...» sagte Hanika.

«Wielange ist er denn hier im Haus gewesen, hatte er das Dings schon irgendwo hier liegen ...?»

Hanika zuckte mit den Schultern. «Keine Ahnung – da müssen Sie schon mal die andern fragen, ich hab ja zwischendurch auch mal Kuchen aufgetan und so, und dann meine Mutter mit ihrem Gedicht ... Ich weiß nur, daß er immer eine im Handschuhfach liegen hatte, im Wagen, noch von früher her, als er die Bank hatte und immer Geld im Koffer ... Eccarius.»

«Macht nichts, das checken wir später noch ab. Ja, Herr Hanika, dann ist Jasch auf Eccarius zugestürzt und wollte ihm die Flasche wegnehmen, wegreißen ...?»

Hanika faßte sich an den Kopf. «Ja, so was Idiotisches von ihm, hätt er ihn doch saufen lassen!»

«Kurze Rangelei», faßte Furmaniak zusammen, «und dann hat Eccarius die Nerven verloren und abgedrückt ...?»

Hanika nickte. «Zweimal, ja.»

«Schön, ja ... Soweit hat Jasch mir das auch schon erzählt, das heißt, ich reim mir das so zusammen, viel geredet hat er ja nicht mehr.»

«Mehr haben wir da oben auch nicht mehr gesehen; Jasch hat Eccarius gepackt, und beide sind dann plötzlich auf die Steine hier geknallt, hier vorne gleich. Sie waren richtig ineinander verkeilt, wenn man das so sagen kann. Jasch wollte ihn wahrscheinlich in die Garage sperren, damit er sich dort austoben konnte, jedenfalls waren dann beide aus unserm Blickfeld raus, entschwunden ...»

«Die Garage war also dazwischen?» fragte Furmaniak.

«Die Garage, ja.»

«So daß Sie den dritten Schuß nur noch hören konnten, also nicht mehr sehen, wie ...?»

«Nein, nicht mehr ...» bestätigte Hanika.

«Jasch hat dann Eccarius die Pistole aus der Hand reißen können, entwinden, und der dritte Schuß hat Eccarius dann getroffen – die Kugel direkt durchs rechte Auge rein, sofort tot ...»

«Jasch hat jedenfalls keine Schuld dran, das war glatte Notwehr; da gibt's nichts anderes als Notwehr.» Hanika wischte sich den Schweiß von der Stirn.

«Ich werde mit Jasch sprechen, irgendwann, wenn die Ärzte grünes Licht geben. Is ja wohl bloß 'n kleiner Herzanfall.» Furmaniak steckte sein Notizbuch weg.

«Bloß 'n kleiner Herzanfall!»

«Gemessen an dem, was mit Eccarius los ist ...» sagte Furmaniak.

Hanika hob die Stimme: «Wenn Sie mich fragen – das ist die beste Lösung, die es überhaupt gibt. Noch ein paar Monate und Eccarius hätt sie alle auf dem Gewissen gehabt: Jasch, seine Frau und seine Kinder. Da ist es schon besser so, wie es gekommen ist.»

Furmaniak klinkte die Tür auf. «Nun – das ist vielleicht Geschmackssache ... Vielen Dank soweit, Herr Hanika, ich werd mich dann später noch mit Ihren Gästen unterhalten, oder mein Mitarbeiter macht das ... Wo bloß die Tochter bleibt!?»

Sabina war dreiunddreißig, gelernte Cutterin, nicht unbedingt mit Zustimmung ihres Vaters, sehr attraktiv, trotz der schlimmen Jahre mit Eccarius, so daß sich die Männer nach ihr umdrehten. Und dies, obwohl die Männer spüren mußten, daß sie an einer Stunde Polit-Diskussion mehr Spaß hatte als an zwei Stunden mit ihnen.

Sie waren zum See hinuntergefahren und hatten sich im erstbesten Gartenlokal einen Platz im Schatten erobert. Doch langsam nervten sie die Kinder. Carmen war zwölf, Carsten anderthalb Jahre jünger.

«Carmen, bitte, laß mein Bier stehen, bestell dir gefälligst 'ne Cola, wenn du noch Durst hast.»

«Kann ich noch 'n Stück Torte ...?»

«Nein, kannst du nicht! Hast du nicht gesehen, was der Hanika vorhin rübergeschickt hat – Opa hat den ganzen Kühlschrank voll von Torte, und wenn du nachher keine mehr willst, hängt er wieder vor Wut an der Decke.»

«Hängt er doch sowieso, wenn Vati da ist ...» sagte Carmen.

«Die werden schon mit dem Kaffeetrinken auf uns warten ...» Sabina drückte ihre Zigarette aus.

Carmen maulte. «Ich will erst noch das Kapitel hier zu Ende lesen.»

«Kannst du doch nachher noch im Garten.»

«Bei dem Lärm da – haha!»

Sabina stand auf. «Hat denn Carsten sein Rad endlich fertig?»

«Weiß *ich* doch nicht.»

«Das kann doch nicht ewig dauern, da Luft reinzupumpen.»

«Wenn er fertig ist, wird er schon wieder hier auftauchen ...» Sie las schon wieder.

«Ist wohl zuviel verlangt, wenn du mal nachsehen würdest – oder ...?»

«Bin ich denn euer Diener!?»

Sabina schlug mit der flachen Hand auf den Tisch. «Du hast wohl nicht mehr alle – los, ab!»

Carmen stand auf, knallte ihr Buch auf den Tisch. «Jetzt spinnt die auch schon!»

«Und schick den Ober her, zahlen!» Sabina steckte sich eine weitere Zigarette an, die fünfte.

Kaum hatte sie den ersten Zug getan, da trat ein Mann mit Schnauzbart an ihren Tisch. «Entschuldigung, waren das Ihre beiden Kinder, und die drei Räder da ...?»

«Wieso ...? Ja ...»

«Haiduck, Kriminalpolizei ...»

Sabina wurde unfreundlich. «Kriminalpolizei ...? Was soll'n das?»

«Sind Sie Frau Eccarius, Lindenallee 87?»

«Ja. Wieso?»

«Wir suchen Sie schon seit über einer Stunde ...»

«Wir haben doch gesagt, daß wir mit den Rädern wegfahren – was ist denn los?»

Haiduck blickte auf den See hinaus. «Ich muß Ihnen leider eine traurige Mitteilung machen, Frau Eccarius ...»

«Mein Mann, mein Vater ...!?»

«Ja, in Notwehr – Ihr Vater hat Ihren Mann erschossen.» Nun war es heraus.

«Das ist doch Quatsch!»

«Sie hatten Streit miteinander, Ihr Mann hat auf Ihren Vater geschossen.»

«Ausgeschlossen, völlig ausgeschlossen – soviel Gerhard auch getrunken hat, – mit 'ner Waffe in der Hand, da wär er nie auf einen andern losgegangen, nie und nimmer! Sicher hat er meinem Vater oft genug die Pest an den Hals gewünscht, aber so was getan, das hätt er nie, unter Garantie nicht!»

Haiduck mußte ihr widersprechen. «Wir hatten mehr als zwanzig Zeugen dafür, die Geburtstagsgäste bei Herrn Hanika ... Als Ihr Vater ihm die Pistole entreißen wollte, hat sich noch ein Schuß gelöst. Ihr Mann hat nicht lange leiden müssen ...»

Sabina sah ihn an. «Notwehr, sagen Sie?»

«Ja, ganz eindeutig.»

«Da werden sich ja alle freuen, daß ich nun endlich erlöst bin.» Sie stand auf. «Sagen Sie den Kindern, daß mein Mann einen Verkehrsunfall hatte – ich will ihn jetzt allein sehen.»

Polizeialltag. Furmaniak saß an einer mechanischen Schreibmaschine und mühte sich.

«Die Aussagen von Jasch –» er wiederholte, was er gerade geschrieben hatte, – «die Aussagen von Jasch werden von den Zeugenaussagen ...»

«... durch die Zeugenaussagen!» warf Haiduck ein.

«Meinetwegen – durch die Zeugenaussagen hundertprozentig ...»

«... vollauf ...» verbesserte Haiduck.

«... vollauf bestätigt, so daß ... so daß am Tatbestand der Notwehr keinerlei Zweifel bestehen. Scheiß Protokolle!»

«Wie lange hat dich denn der Medizinmann da mit ihm sprechen lassen?» frage Haiduck.

«... 'ne knappe halbe Stunde vielleicht. Der Mann ist einfach fertig, der Jasch.»

«Was soll ihm denn noch groß passieren – lies mal's Strafgesetzbuch, Notwehr und Notstand, 32 bis 36 – da kommt doch nichts mehr nach.»

Furmaniak spielte mit der Leertaste. «Ist der dritte Schuß nun von selber losgegangen – oder hat er ganz bewußt abgedrückt, als er die Pistole in die Hand bekommen hatte? Der Jasch?»

Haiduck war ein As in Theorie. «Ist doch gehupft wie gesprungen – Paragraph 33: Überschreitung der Notwehr. Überschreitet der Täter die Grenzen der Notwehr aus Verwirrung, Furcht oder Schrecken, so wird er nicht bestraft. Und was glaubst du wohl, wie verwirrt du wärst, wenn dein Schwiegersohn plötzlich mit der Pistole vor dir steht und anfängt, auf dich zu schießen.»

«Ich hab gar keinen Schwiegersohn», sagte Furmaniak.

«Aber immerhin hast du 'ne Tochter.»

«Von acht Jahren, ja.»

Haiduck schlug die *Bild*-Zeitung auf. «Hier, hast du *Bild* gelesen? Sabina Eccarius, geborene Jasch, 33: Ich habe meinen Mann geliebt – trotz allem. Er war immer gut zu mir, und meine Kinder konnten sich keinen besseren Vater wünschen. Er hat nicht auf meinen Vater geschossen, weil er ein schlechter Mensch war, er war nur unheilbar krank.»

«Gamma-Trinker, sagt der Pathologe im St. Joseph-Krankenhaus, das sind die Süchtigen ohne Selbstkontrolle.»

Haiduck warf die *Bild*-Zeitung in den Papierkorb. «Jasch liegt auf der Privatstation und fünfzig Meter weiter liegt sein Schwiegersohn in der Pathologie – das haben die wirklich prima hingekriegt. Wie lange soll der denn noch drinbleiben?»

«Die meinen da, auf alle Fälle solange, bis die Beerdigung vorbei ist. Das hält er doch nicht aus, zuzusehen, wie sie seinen Schwiegersohn da ins Grab runterlassen.»

«Kann ich mir vorstellen.» Haiduck suchte nach seinem Portemonnaie.

Furmaniak riß den Bogen aus der Maschine. «So, das hätten wir wieder mal. Lies bitte noch mal durch, ob ich was vergessen habe – Komma und so. Die Fotos von den Einschußlöchern kannst du mir auch noch rübergeben, die beiden Schüsse, die Eccarius abgegeben hat.»

«Hier ... Die erste Kugel muß Jasch um etwa zwanzig Zentimeter verfehlt haben, die zweite hat seinen linken Oberarm gestreift – 'ne ganze Menge Haut weg, hat ziemlich geblutet.»

«Okay, dann sind wir also soweit fertig?» Furmaniak gähnte.

«Ja, sind wir wohl.»

Furmaniak reckte sich. «Haben wir ein Glück gehabt, daß die bei dem Hanika gerade Geburtstag gefeiert haben, sonst könnten wir den Jasch noch bis Weihnachten durch die Mangel drehen, aber so ... Da war sogar 'n pensionierter Staatsanwalt bei, ganz zu schweigen von dem Foto, das sie gemacht haben, als Hanikas Mutter ihr komisches Gedicht da vorgetragen hat – auf den Vergrößerungen sieht man ganz genau, wie Eccarius mit der Waffe in der Hand dasteht und Jasch die Flasche haben will.»

Haiduck ging zur Tür. «Du hättest Jasch gerne eins ausgewischt, ich weiß, deine Abneigung gegen die Herren Unternehmer, aber nun komm mal, sonst ist die Kantine wieder zu – und dauernd nur Currywurst ...»

Mehr als ein Vierteljahr war vergangen, und Eccarius längst unter der Erde. Überall gab es kleinere und größere «Oktober»-Feste vom frühen Nachmittag bis in die Nacht.

Rummelplatzromantik. Mal die Fließbänder und die abgewetzten Bürosessel vergessen, seiner Dame eine rote Rose schießen, die plärrenden Kinder anbrüllen, daß keine Karussellfahrt mehr drin ist.

Nun ja, vergiß, was doch nich mehr zu ändern is ...

Sabina kreischte, als die Achterbahn in die Tiefe sauste.

«Mike, halt mich fest!»

«Aber immer!» schrie Mike, oder genauer Michael Kattlick.

«Ich bin schon ewig nicht mehr Achterbahn gefahren.»

«Das ist schon mehr 'ne Neunerbahn hier», lachte er.

Ende. Ihr Wagen kam langsam zum Stehen.

«Mein Magen», stöhnte Sabina, «mir ist ganz flau.»

«Laß mal anfassen ...»

«Mike, doch nicht hier!»

«Wo dann?»

«Komm – aussteigen.» Der Wagen hielt endgültig.

«Darf ich bitten, gnädige Frau?»

«Danke.»

«Und was nun – Geisterbahn?» Kattlick sah sie an.

«Nich mit mir.» Sie gingen über den Rummelplatz.

«Wieso nicht?» fragte er. «Wär doch mal was Neues, in der Geisterbahn.»

«Aber nicht, seitdem sie echte Gespenster drin haben, Monster, Leute in Fellen und so.»

«Schade ...»

Sabina drehte sich im Kreise herum. «Gehn wir 'n Bier trinken?»

«Ich würd lieber nach Hause fahren», sagte er und schob seine Hand unter den Bund ihres Rocks.

«Zu mir können wir nicht, Carmen ist da», sagte Sabina.

«Dann fahrn wir eben zu mir, ich hol schnell Rotwein und Pizza von'er Ecke.»

«Ich muß unbedingt heute zu Hause schlafen – sonst läuft Carmen wieder Amok.»

«Die hätt doch auch bei deinem Vater bleiben können, Carsten ist doch auch bei ihm», sagte Kattlick.

«Wollte sie aber nicht.»

«Na, wenn du um zwölf zu Hause bist, das wird ja auch noch reichen, haben wir noch genau vier Stunden.»

Sabina zögerte. «Ich hab ihr gesagt, daß ich nur noch schnell mit unserem Steuerberater was zu besprechen hab.»

«Dann hat's eben 'n bißchen länger gedauert. Komm – wir nehmen gleich den kleinen Ausgang hier.»

«Laß uns doch schnell noch ins Bierzelt hier – bitte. Du – seit der Beerdigung hab ich heute zum erstenmal wieder richtig gelacht, laß mich noch ein bißchen hierbleiben.»

«Meinetwegen ...»

Sie traten ins Bierzelt, Lärm schlug ihnen entgegen.

«Und so richtig tanzen möcht ich mal wieder», sagte Sabina.

«In drei Wochen sind wir schon in Teneriffa.»

«Hier kannst du mich jetzt küssen ...»

Man beziehungsweise Frau sagt, ein Auto könnte hundert Jahre halten, würde es so gebaut und gepflegt wie eine Düsenmaschine.

Und das war genau der Alptraum, der Reinhard Jasch mitunter quälte.

Die Wirklichkeit sah natürlich ganz anders aus – zum Glück –, und er gab sich wirklich Mühe mit seinen Kunden, sogar mit denen von morgen und übermorgen, den Kleinsten, für die er hübsche Bilderbüchlein bereit hielt. *Klappt die Bremse, brennt das Licht, ja, sehr häufig stimmt was nicht. In der Werkstatt prüft man dann, woran das wohl liegen kann. Fehler werden repariert, daß beim Fahren nichts passiert ...*

Es war an einem Donnerstagnachmittag, und bei Jasch herrschte Hochbetrieb. Er kam aus dem Chefbüro, ging mit schnellen Schritten durch die Werkstatt und baute sich, in seinem blauen Kittel und seiner Körperfülle gewaltig anzusehen, unmittelbar vor Kattlick auf.

«Heh, Kattlick, hörn Sie mal 'n Moment auf!»

Kattlick stellte seine Schleifscheibe ab. «Ja, Chef, was is'n?»

«Ich muß mal dringend mit Ihnen sprechen ...»

Kattlick lächelte. «Ach, ich weiß schon – Sie meinen den BMW von Herrn Hanika, das Klopfgeräusch, wenn er über hundertdreißig fährt: Wir haben den Wagen schon völlig auf den Kopf gestellt, wir finden's wirklich nicht.»

«Nein, ich mein nicht Hanika ...» Jasch hob eine Mutter auf und ließ sie in seine Tasche gleiten.

«Was'n denn?» fragte Kattlick.

«Das wissen Sie doch ganz genau!»

«Weiß ich wirklich nicht.»

«Dann denken Sie mal nach ...!» Jasch sah im starr in die Augen.

Kattlick starrte zurück. «Okay, werd ich machen ... Und bis wann?»

«Werd'n Sie nicht auch noch frech», schnauzte Jasch.

«Das brauch ich nicht mehr werden ...»

«Ich hab Ihnen tausendmal gesagt: Hände weg von meiner Tochter!»

Kattlick grinste. «Das können Sie mir auch noch zehntausendmal sagen ...»

«Wenn Sie denken, ich kann Sie jetzt nicht mehr rausschmeißen ...»

«Dann schmeißen Sie doch ...»

«Kattlick – ich warne Sie!»

«Okay – ich bin gewarnt. Darf ich jetzt weiterarbeiten – aus Kostengründen ...» Er schaltete seine Schleifscheibe wieder ein und machte sich an die Arbeit.

«Ich werd noch mal mit meiner Tochter reden», sagte Jasch.

«Tun Sie das – die ist gerade gekommen, da hinten an der Annahme. Schönen Gruß von mir!»

Jasch eilte durch die Halle. «Hallo – Biene!»
«Tag, Vater ...» sagte Sabina, einen Schritt zurückweichend.
Jasch küßte und umarmte sie. «Das ist lieb von dir, daß du ... Ihr laßt ja gar nichts mehr von euch hören ...?»
Sabina machte sich los. «Komm, Vater, keine große Szene hier!»
«Man wird doch wohl noch seine Tochter umarmen dürfen.»
«Nich hier vor allen Leuten.»
«Das ist meine Firma hier, und da kann ich machen, was ich will, das geht doch keinen was an – oder?»
«Ja, ja – is ja gut.» Sabina steuerte auf den Ausgang zu. «Ich bin auch bloß hier, um Carmen abzuliefern: die hat dir doch versprochen, die Werbebriefe einzutüten.»
«Für fünfzig Mark – ja.»
«Soll sie's vielleicht umsonst machen – die Zeiten sind vorbei.»
Jasch deutete zu seinem Büro hinüber. «Kommst du noch mit ins Büro, 'ne Tasse Kaffee trinken ...?»
«Danke, du, ich muß wieder in die Boutique zurück, sonst ...»
Jasch packte sie, schob sie vor sich her. «Du kommst jetzt bitte mit ...!»
Sie gab nach. «Meinetwegen.»
Jasch schlug die Tür hinter sich zu. «Setz dich – ich hab mit dir zu reden.»
Sabina warf sich in einen Drehsessel. «Meinetwegen rede auch mit mir, aber paß bitte auf, daß Carmen nicht wieder alles mitkriegt.»
«Wo ist die denn, ich denke, du hast sie mitgebracht?»
«Die ist sicher wieder drüben in der Poststelle und spielt mit dem Fernschreiber rum.»
Jasch schloß einen Schrank auf, holte Gläser und Cognac heraus. «Trinkst du auch einen mit?»
«Danke, nachmittags nie.»
«Abends aber?» stieß er nach.
«Na, und?»
«Prost!» Er schüttete das Zeug hinunter. «Du kennst mich ja: Keine langen Vorreden, gleich mit der Tür ins Haus gefallen ...»
«Was ist denn nun schon wieder?» Sabina hatte Mühe mit ihrem Feuerzeug. Endlich funktionierte es.
«Ihr seid zusammen gesehen worden!»
«Wer ‹ihr›?»
«Na Kattlick und du!»

«So ...?»

«Ja, und zwar im Bierzelt», sagte Jasch, «eng umschlungen.»

«Nicht nur das. Hätt ich dich erst um Erlaubnis fragen sollen?»

Jasch schlug mit der Faust auf den Tisch. «Mein Gott, kannst du denn nicht mal drei Monate ohne Mann auskommen?»

«Nee, kann ich nich.»

«Kaum ist der eine unter der Erde, da ... da ...!»

«Was so'ne echte Nymphomanin ist ...» lachte sie.

Jasch schrie jetzt, seine Stimme überschlug sich: «Mir ist das ernst, bitterernst sogar!»

«Mir auch», sagte Sabina.

«Schließlich bist du meine Tochter, und ich hab dich nicht großgezogen, damit du dich dauernd an diese Kerle da wegwirfst!»

«Ach, Vater, die Zeiten sind doch vorbei ...»

«Die sind nicht vorbei!»

«Doch, doch, sie sind vorbei», sagte sie.

«Du bist und bleibst mein Kind, auch wenn du dreiunddreißig bist! Ich bin immer noch verantwortlich für dich, und wenn schon nicht für dich, dann wenigstens für meine Enkelkinder – was soll denn aus denen werden, wenn das so weitergeht?»

«Was – so weitergeht?» fragte sie.

«Na, daß du langsam, aber sicher ... verkommst. Entschuldige den harten Ausdruck, aber guck doch mal in'nen Spiegel rein.»

«Das ist rührend von dir, aber ...»

«Kein ‹aber›! Jetzt ist Schluß damit – ein für allemal!»

«Womit ist Schluß?»

«Mit diesen gescheiterten Existenzen da!» rief Jasch.

«Was für gescheiterten Existenzen?»

Jasch stöhnte auf. «Eccarius hat doch gesoffen wie'n Loch, oder? Und dieser Kattlick da draußen, das ist doch eins der größten Schweine, das ich kene.»

«Nun komm, nun halt mal langsam die Luft an: und warum hast du ihn dann bei dir eingestellt?»

«Warum ich ihn hier eingestellt habe – das kann ich dir ganz genau sagen: weil er mich weniger kostet, im Monat fünfhundert Mark weniger.»

«Wie edel von dir!»

«Wer nimmt denn den sonst? Daß er gerade mal wieder auf Bewährung draußen ist, das hat er dir wohl nicht erzählt – oder?»

«Doch, hat er», sagte sie.

«Und auch, daß er noch zwei andere Vorstrafen auf'm Konto hat: schwerer Raub und räuberische Erpressung – das hat er dir wohl nicht erzählt?» fragte Jasch.

«Doch, hat er mir auch erzählt.»

«Und da hast du ihn nicht rausgeschmissen?»

«Komm, reg dich ab – da hast du nun mal keine Antenne für ...» Sie stand auf.

Jasch war blaurot angelaufen. «Nee, hab ich auch nicht – ich seh bloß, daß jetzt alles wieder von vorne losgeht: der ist doch vom gleichen Kaliber wie Eccarius.»

«Meinst du denn, ich heirate gleich wieder?»

«Nee, aber treibst dich mit ihm in den Betten rum, und die Kinder kriegen das dann alles mit.»

«Wenn sie nichts Schlimmeres mitkriegen, geht's ja noch ...»

Jasch wurde noch lauter. «Merkst du denn nicht, was das für'n verkommenes Subjekt ist? Das ist doch der geborene Verbrecher!»

Sabina trat ans Fenster und sah zur Tankstelle hinüber. «... und? Die sind mir zehnmal lieber als die geborenen Spießbürger ...»

«Du hast wohl nicht mehr alle!»

«Hauptsache, du hast sie noch alle. Hätt'st du ihn nicht eingestellt, hätt er mich auch nich anmachen können ...»

«Meinst du denn, ich seh da ruhig zu, wenn sich meine einzige Tochter noch mal ins Unglück stürzt – sich und ihre Kinder und mich mit!? Nee, du, da kennst du mich schlecht.»

Sabina wandte sich um. «Jetzt hab ich's aber wirklich satt – und Carmen kommt wieder mit nach Hause. Tschüß!» Sie knallte die Tür hinter sich zu.

Mögen unsere Bahnhofsvorplätze allesamt potthäßlich sein, und das sind sie durch das Zusammenwirken von Bodenspekulation und kommunalpolitischem Kunstverstand in aller Regel wohl auch, bei Nieselregen und spektrumsbunten Leuchtreklamen, da sind sie plötzlich schön und produzieren Euphorie bei allen, die noch bleiben können.

So auch bei Kattlick, der sich nach längerer Wartezeit einen Platz in einer der raren Telefonzellen gesichert hatte. Er steckte gerade zwei Groschen in den Apparat und wählte, als draußen ein Rockertyp gegen die Zelle klopfte.

«Ja doch, gleich – ich kann doch nicht dafür, wenn keiner abnimmt. Einmal noch ...»

Endlich war jemand am anderen Ende der Leitung. Sabina. «Hallo ...!? Hallo!»

«Ja, ich bin's – Mike! Warum geht denn keiner ran bei euch?»

«Wir sind grad erst nach Haus gekommen», sagte Sabina.

«Ich konnt nicht von der Firma aus anrufen, erst nach Feierabend – ich steh hier am Bahnhof. Sag mal, der hat sich wohl mächtig aufgepustet, was?»

«Hat er.»

«Und?»

«Nun erst recht», sagte Sabina.

«Dann sehn wir uns heute noch?» fragte Kattlick.

«Was'n sonst?»

«Soll ich zu euch rauskommen oder kommst du noch mal in die Stadt rein?»

«Komm mal zu mir raus», sagte Sabina.

«Okay – und soll ich noch was mitbringen?»

Sie lachte. «Nur das, was du ohnehin bei dir hast.»

«Reicht's denn, wenn ich mit'm Wagen komme, oder soll ich 'ne Rakete nehmen?»

«Nimm 'ne Rakete.»

«Bis gleich – sonst erschlagen die mich hier, hier wartet schon 'ne Riesenschlange draußen. Ich renn bloß noch zum Bahnhof rüber und hol dir Blumen.»

«Ja, bis gleich. Mach's gut.»

«Mach's besser!» Kattlick hängte auf, verließ die Zelle, sah die Leute, die draußen warteten. «Tut mir leid ...»

«... uns hier solange im Regen stehen lassen.»

Der Rockertyp wurde aggressiv. «Nächstes Mal koofste dir selber 'ne Zelle, sonst kommste aus die hier nich mehr lebend raus.» Es schien so, als wollte er Kattlick nicht durchlassen.

Kattlick winkte ab. «Okay, okay, aber jetzt laß mich mal durch – ich hab's eilig.» Kattlick machte sich los und rannte über die Straße.

«Paß uff! – Mensch!»

Der Rockertyp wollte ihn noch warnen – zu spät.

Ein heranrasender Wagen hatte Kattlick erfaßt und auf den regenbogenbunten Asphalt geschleudert. –

Was macht der gesunde Bürger, wenn er ein Krankenhaus betritt? Er verdrängt. Und zwar vermittels kleiner Späßchen: Warum heißt das Krankenhaus Krankenhaus? Weil es die Patienten krank macht. Haha.

Furmaniak fand, das sei schon mehr eine wissenschaftliche Aussage als ein Spaß. «Wo war die Intensivstation noch mal – 3. Etage, ja?»

«Ist doch schon gedrückt», sagte Haiduck.

«Wenn bei denen hier alles so modern ist, wie ihr Fahrstuhl ...» sagte Haiduck, während sie einstiegen.

«Fährt doch noch, nach oben sogar.»

Furmaniak gähnte. «Ich bin bald zum Gähnen zu müde; und wer weiß, was der uns jetzt für'n Scheiß erzählt.»

«Ohne Scheiß kein Preis.»

«Ich werd ohnehin nicht mehr befördert», sagte Furmaniak.

«So, da wär'n wir ...»

Der Fahrstuhl hielt, die Türen öffneten sich. Draußen erwartete sie der diensttuende Arzt, ein junger Strahlemann in Weiß.

«Die Herren von der Kripo ...?» fragte er.

«Ja, sind wir ... Furmaniak, guten Abend; Haiduck, mein Kollege.» Ganz förmlich.

«Guten Abend, Herr Doktor ...» Haiduck drückte ihm die Hand.

«Hatten wir nicht eben miteinander ...?» fragte Furmaniak.

«Ja, ich hatte Sie angerufen, Schulz-Kahlenberg. Er hat mir keine Ruhe mehr gelassen.»

«Wie sieht's denn aus?» fragte Furmaniak.

«Sie kennen ja die Diagnose: kaum noch eine Chance für ihn, aber bei Bewußtsein ist er noch. Kommen Sie.» Sie gingen den endlos scheinenden Flur entlang.

«Und Ihnen hat er noch nichts erzählt?» fragte Haiduck.

«Soviel ich verstanden habe, soll er das Opfer eines Mordversuchs geworden sein», sagte der Arzt.

Furmaniak war keine Spur wacher geworden. «Das wird das Übliche sein: trouble mit der Clique, in der er vorher dringesteckt hat – die haben ihn wiederhaben wollen, is ja auch 'n prima Fachmann, und er hat sich diesmal quergelegt.»

«Zimmer 371», sagte der Arzt, «hier, und ganz sanft, meine Herren!» Er öffnete die Tür.

«Is doch klar.»

«So, Herr Kattlick, ich bringe Ihnen hier Ihren Besuch.»

«Danke ...» murmelte Kattlick, ein anderer Kattlick, der Rest Kattlick.

«Mensch, Kattlick, alter Kunde, soweit braucht es ja wohl nicht zu kommen», sagte Furmaniak.

Kattlicks Stimme war schwach. «Ich wollte's Ihnen sagen, nur Ihnen ...»

«Klar.»

«Kennt ihr euch denn?» fragte Haiduck.

«Vom Namen her hab ich mich nicht mehr dran erinnert, aber das Gesicht. Viel ist ja nicht mehr zu erkennen, aber wenn du genau hinsiehst: wie der Bruder von Burt Lancaster.»

«Wie Burt Lancaster selber ...» Es schien so, als lächelte Kattlick.

«Passen Sie bitte auf – die Schläuche da», sagte der Arzt. «Ich bleib wohl lieber hier.»

«Noch ein Zeuge mehr, bitte sehr, natürlich.» Kattlick machte eine schwache Handbewegung.

Furmaniak setzte sich auf den Bettrand. «Wer hat Sie denn nun ermorden wollen?» Er siezte grundsätzlich alle «Klienten».

«Jasch hat mich ermorden wollen», sagte Kattlick.

«Jasch ...?» Furmaniak starrte ihn an.

«Auto-Jasch, da, wo ich beschäftigt bin.»

«Hab ich gelesen, ja. Und warum hat er das tun wollen?»

«Weil er seinen Schwiegersohn erschossen hat, darum.»

«Sicher hat er den erschossen», sagte Furmaniak, «in Notwehr. Da gibt es mehr als zwanzig Zeugen für, das ist doch nun gebont.»

«Das stimmt aber nicht, trotzdem stimmt das nicht», sagte Kattlick.

«Sicher stimmt das», sagte Haiduck.

Der Arzt mußte eingreifen. «Meine Herren, leiser bitte, nicht so hektisch, bitte!»

«Nun erzähl'n Sie doch mal ...» sagte Furmaniak. «Alles der Reihe nach und von vorne.»

Kattlicks Augen brannten in dem wachsbleichen Gesicht. «Jasch hat seinen Schwiegersohn erschossen, als der im Liegestuhl gelegen hat. Von vorn, ganz nahe dran.»

Furmaniak schüttelte den Kopf. «Das müßte der doch gemerkt haben?»

«Hat er nicht gemerkt, weil er eingeschlafen war. Da vor der Garage, im Schatten, wo Hanika nichts sehen konnte, Hanika und die anderen oben auf der Terrasse.»

«Und das sollen die nicht gehört haben, den Schuß …?»

«Da ist doch gerade der Düsenjäger übers Haus weggeflogen – fragen Sie mal … Ein unheimlicher Glücksfall für uns: Liegestuhl, Düsenjäger – wir hatten's ja eigentlich ganz anders geplant …»

«Wie denn?»

«Im Haus drin. Jasch wollte ihn in'n Keller locken und dann … In seiner Bar im Keller unten. Aber wenn wir's so gemacht hätten, da hätten wir ihn erst wieder nach oben tragen müssen. Und das Blut, wer weiß, wo das dann überall hingetropft wäre … Da war's so mit'm Liegestuhl schon besser.» Kattlick schloß die Augen, atmete schwer, tauchte irgendwie weg, war aber Sekundenbruchteile später wieder voll da.

«Was'n für 'n Liegestuhl eigentlich?» fragte Haiduck.

«Na, der so nach hinten zu klappen geht – wie 'n Fernsehsessel, mit großen Blumen drauf.»

Furmaniak vergaß das Mitschreiben. «Da hat doch Eccarius auch mit dem Kopf draufgelegen, als wir ihn gefunden haben, auf dem umgestürzten Liegestuhl …?»

«Ebent – das war ja der Trick dabei. Damit Sie nicht auf dumme Gedanken kommen konnten …»

Furmaniak mußte es wiederholen. «Halten wir mal fest: Sie behaupten also, Jasch habe seinen im Liegestuhl schlafenden Schwiegersohn kaltblütig erschossen. – Sagen Sie mal, woher wollen Sie'n das eigentlich wissen?»

Kattlick drehte sich noch mehr zu ihm hin. «Das ist es ja – darum hab ich Sie ja herrufen lassen.»

«… uns herrufen lassen – zu Ihrer Märchenstunde, was! Was bilden Sie sich denn eigentlich ein – mitten in der Nacht …! Dieser ganze Zirkus hier!» Haiduck verlor als erster die Nerven. «Was soll denn das: Jasch und sein Schwiegersohn haben doch noch 'ne ganze Weile miteinander gekämpft, bevor die Schüsse gefallen sind.»

«Hinterher war das, hinterher, 'n paar Minuten später», versicherte Kattlick.

«Woll'n Sie uns hier verarschen?» rief Haiduck.

«Herr Haiduck, bitte – sonst …» Furmaniak war plötzlich sehr dienstlich.

«Das war doch nicht Eccarius, das war ich!» sagte Kattlick und hob die Hand wie zum Schwur.

«Sie!?»

«Ich, ja – das ist es ja! Ich hab doch die gleiche Figur wie Eccarius, den gleichen Kopf und so. Und aus hundertfünfzig Metern Entfernung...»

«Na, na!» wagte Haiduck zu zweifeln.

«Sie sehn ja doch, wie's geklappt hat.»

«Das is vielleicht 'ne Logik!»

Furmaniak versuchte sich zu sammeln. «Schön – ich will mal den Versuch machen, das Ganze zu rekonstruieren – und zwar aus Ihrer Sicht. Eccarius legt sich in den Liegestuhl da, okay. Jasch erschießt ihn. Oben bei Hanika hört man nichts davon – wegen des Düsenjägers. Ein paar Minuten später kommen Sie in den Garten raus und spielen die Rolle des erschossenen Eccarius: ganz echt mit der Flasche in der einen und der Waffe in der anderen Hand...?»

«Ja, genauso», bestätigte Kattlick.

«Und dann greifen Sie Jasch an, damit man dem nachher die Notwehr abnimmt...?»

«Genau, ja. In der Aufregung hab ich tatsächlich zu früh abgedrückt, aber zum Glück war's ja nur 'n Streifschuß bei Jasch.»

«Das war gar nicht vorgesehen gewesen...?» fragte Furmaniak.

«Wie denn? Aber nachher war's ja gut, daß er was abbekommen hatte – wegen der Notwehr. Das war dann glaubwürdiger.»

«Schon», sagte Furmaniak, «und wie wollen Sie gewußt haben, wie Eccarius an dem Tag gekleidet war und so?

«Ganz einfach: das hat mir Jasch vorher durchs Telefon durchgegeben, was er anhatte, ich mein: Eccarius – hatte er meistens an: blaues T-Shirt, weiße Shorts. Das hatten wir uns schon vorher besorgt, logisch...»

Haiduck trommelte mit den Fingern der rechten Hand auf den Nachtschrank. «Und woher wollten Sie wissen, wann Sie aufzutreten hatten? Ich meine, das kann man doch vorher nicht so genau wissen...?»

«Wir wußten, daß bei Hanika oben auf der Terrasse Geburtstag gefeiert wird, und wir wußten auch, daß Sabina jedesmal mit den Kindern spazieren fährt, wenn sie zu Besuch ist. Da hatten wir auf alle Fälle mehr als 'ne Stunde Zeit...»

«Wo waren *Sie* denn, als Jasch Eccarius erschossen hat, erschossen haben soll...?» fragte Haiduck.

«Na, schon im Haus drin. Ich hatte vorher 'n Schlüssel bekommen, von Jasch, und bin sofort rein, als Sabina mit den Kindern hinterm Bahndamm verschwunden war. Da hatt ich auch meinen Wagen stehen. Und als dann alles vorbei war, bin ich sofort wieder weg, hinten durch'n Wald.»

«Und die Sachen - Ihre Verkleidung da?» wollte Haiduck wissen.

«Die hab ich schnell in 'ne Plastiktüte gepackt und bei Jasch in seiner Garage versteckt – hätt ich die man bloß mitgenommen, damit ich jetzt was inner Hand hätte, 'n Beweisstück!»

Furmaniak steckte sein Notizbuch weg. «Schönes Beweisstück! Mensch, Kattlick, was soll'n das eigentlich, uns jetzt diesen Bären da aufzubinden: Ihre Geschichte, die stimmt doch vorne und hinten nicht! Dann müßte Jasch Sie ja ... Das woll'n Sie mir doch nicht im Ernst einreden – ein Mann wie Jasch!»

«Doch», versicherte Kattlick, «doch, er hat mir zehntausend Mark dafür gegeben und die Stelle bei sich in der Firma, unkündbar. Außerdem hat er die Polizei nicht gerufen.»

«Die Polizei nicht gerufen?» Haiduck wie Furmaniak starrten ihn an.

«Meine Herren, ich glaube, wir müssen jetzt Schluß machen», sagte der Arzt.

«Momentchen bitte noch, die eine Frage noch ...»

«Ich hab doch 'n Bruch gemacht bei ihm inner Firma», erklärte Kattlick, «und da hat er mich überwältigt ...»

«Der und Sie überwältigen ...!?» Haiduck hatte seine Zweifel.

Kattlick atmete mühsam. «24. Mai, Dienstag vor Pfingsten, nachts um zwei. Da konnt er nicht schlafen und ist ins Büro gekommen. Eh ich ihn bemerkt hatte, hat er mich eingeschlossen gehabt. Hätt er bei Ihnen angerufen, hätt ich mindestens sechs Jahre bekommen – ich war doch auf Bewährung draußen ...»

«Und da haben Sie dann mit ihm verhandelt?»

«Ja, über seinen Plan, den ...»

«Über seinen Plan», fuhr Haiduck dazwischen, «daß ich nicht lache! Da kommt der Jasch in sein Büro, sieht Licht, schließt Sie ein – und hat plötzlich eine geniale Idee, wie er seinen Schwiegersohn zur Strecke bringen kann. Prima! Durch die geschlossene Tür hindurch stellt er fest, daß Sie und sein Schwiegersohn zum Verwechseln ähnlich aussehen – durch die geschlossene Tür!»

«Er hat mich doch vorher 'ne Weile beobachtet, vom Flur aus», ergänzte Kattlick.

«Dann hat er also die Tür geschlossen – und Sie sind nicht auf die Idee gekommen, durchs Fenster zu klettern und abzuhauen?»

«Da ist doch 'n Gitter vor.»

«Und wie sind Sie denn überhaupt reingekommen?»

«Durch die Montagehalle, durchs Oberlicht.» Kattlick fiel in die Kissen zurück.

«Na schön», sagte Furmaniak, «und warum soll er Sie jetzt mit dem Wagen angefahren haben? Hat doch alles prima geklappt, genau nach Maß – oder?»

Sie mußten sich schon sehr nach unten beugen, um Kattlick noch verstehen zu können. «Seine Tochter ...»

«Was ist mit seiner Tochter?»

«Sabina, Biene ...»

«Sabina, ja ...?»

«Ich wollt zu ihr, ins gemachte Nest rein ...»

«Ja, ich verstehe ...»

«Ihr Haus ... Ihre Kinder ... Ich selber ...»

Furmaniak lächelte ihm zu. «Ich versteh schon.»

Schulz-Kahlenberg wurde energisch. «Schluß jetzt, meine Herren, ich kann das jetzt nicht mehr länger verantworten. Bitte!!»

«Meine letzte Chance ...» sagte Kattlick.

Furmaniak rieb sich die Augen. «Schön und gut, Kattlick, aber begreifen Sie denn nicht, daß Sie sich damit selbst ans Messer liefern: wenn Ihre Story stimmt und das wirklich Mord war, dann wandert nicht nur Jasch ins Gefängnis, dann wandern Sie mit ...»

«Wenn ich hier 'n Abgang mache, macht der auch einen!» sagte Kattlick.

«Sie meinen also, Jasch hätte Sie angefahren, weil er nicht wollte, daß seine Tochter nun noch einmal ...?»

Kattlick nickte. «Ja ...»

Schulz-Kahlenberg drängte die beiden Beamten zur Tür. «Jetzt ist aber endgültig Schluß! Hier ist die Tür, meine Herren!»

Furmaniak hatte sein kleines Kofferradio eingeschaltet, um sich das Aktenstudium erträglicher zu machen. Baccara, die beiden Spanierinnen, mit *Yes, Sir, I am a lady*, Opium für Lohnabhängige, von der Zeitansage unterbrochen. 7 Uhr 43. Wozu ließe sich dieses eine, dieses einmalige, dieses Unwiederholbare nicht alles nutzen. Statt dessen saß er hier und las Behördendeutsch.

Der Gesuchte ist hier nicht aufhältlich ...

... beschuldigt, Falschgeld in Verkehr gebracht zu haben.

Ich habe in Erfahrung gebracht, daß …

Im Falle des Ausbleibens des Zeugen …

Infolge des zu sich genommenen Alkohols war der Angeklagte nicht mehr fahrtüchtig …

Furmaniak ging zur Kaffeemaschine und setzte nochmals zwei Tassen an. Fünfzig Pfennig in die Kaffeekasse.

Als er wieder am Schreibtisch saß, klopfte es.

«Ja, bitte …!»

Es war Sabina. «Herr Furmaniak, ja, ich sollte mich noch mal bei Ihnen melden …»

Furmaniak stand auf. «Kommen Sie doch bitte … Frau Eccarius, ich hab Sie schon … Guten Morgen erst mal. Wir kennen uns doch schon: damals, als das mit Ihrem Mann …»

«Ich kann mir keine Gesichter merken; kann sein, ja. Darf ich …?»

«Ja, hier bitte, hier der beste Stuhl, den wir haben.» Furmaniak gab sich, der Anordnung entsprechend, bürgernah.

«Danke.» Sabina setzte sich. «Ich meine, darf ich rauchen?»

«Aber gerne. Hier ist ein Aschenbecher. Und wenn Sie ablegen wollen …» Eine etwas mißverständliche Bemerkung, denn er wandte sich schnell seiner Kaffeetasse zu, schob sie beiseite.

«Ist nett, nein … Ich will gleich wieder ins Krankenhaus. Ich hab bloß schnell die Kinder in die Schule …»

«Wie geht's ihm denn?»

«Mike …? Weiterhin mies.»

Furmaniak tippte vorsichtig an. «Sie wissen, was er da für einen Verdacht …?»

«Sie sind gut – meinen Sie, ich hab heute noch keine Zeitung gelesen?»

«Ich jedenfalls nicht. Steht denn da was drin – wie soll'n da was drinstehn …!?» Furmaniak gab sich naiv.

Sabina blies ihren Gauloises-Rauch weit über den Schreibtisch. «Fragen Sie mich nicht, wie die *Bild*-Leute an die Geschichte rangekommen sind.»

«Ich versteh schon …» Furmaniak schaltete das Radio aus. «So … Und warum meinen Sie, daß Kattlick recht hat?»

Sabina zögerte einen Augenblick. «Schicken Sie mich zum nächstbesten Psychiater, den Sie kennen: aber vom ersten Kindergartenfreund an hat mein Vater alle Jungen gehaßt, die was mit mir anfangen wollten …»

«... Ich will Ihnen nicht zu nahetreten, Frau Eccarius, aber Ihr Mann ... Nun, auch für mich – und ich bin nun weiß Gott nicht Ihr Vater – wäre klar gewesen, daß Sie über kurz oder lang mit Ihrem Mann zusammen in der Trinkerheilanstalt gelandet wären.»

«Ich will ja nur dein Bestes, mein Kind – von Anfang an die alte Litanei! Sabina, um zehn bist du aber zu Hause! Schon dieser Name! Scheußlich! Mich von vornherein als Puppe abzustempeln ...»

Furmaniak registrierte es kommentarlos. «Und Kattlick, nehmen Sie mir das nicht übel, war ja nun auch nicht gerade das, was man einen ‹sauberen Jungen› nennt. Nichts gegen Vorbestrafte, die sollen alle ihre Chance haben, aber ...»

«Sie hätten mal hören sollen, was mein Vater vorgestern für Drohungen ausgestoßen hat; da war ich mal wieder im Büro bei ihm; da hat ihm jemand erzählt, daß Mike und ich – irgend jemand muß uns gesehen haben.»

«Drohungen ...?» Furmaniak horchte auf.

«Ja, allem ein Ende zu machen.»

Furmaniak legte seinen Kugelschreiber demonstrativ beiseite. «Müssen Sie denn Ihren Vater in die Pfanne hauen?»

«Es war ein Scheißleben mit Eccarius, sicher, und es wäre mit Mike ein Scheißleben geworden, unter Garantie, aber anders funktioniert's bei mir nicht. Bringen Sie mich heute mit einem dieser geschniegelten Jungmanager zusammen, diesen Plastikmenschen da, und ich hab mich morgen totgekotzt.»

«Ich versteh schon ...» murmelte Furmaniak.

«Nichts verstehen Sie!»

«Doch, doch, mir ist schon klar ... Sie meinen also, Ihr Vater hätte Ihnen die beiden Männer weggenommen, die Sie ...?»

«... das mein ich nicht nur, das ist auch so! Meinen Mann in Notwehr erschossen – daß ich nicht lache! Warum hat er wohl Kattlick drei Tage zuvor zu uns nach Hause geschickt, unter dem Vorwand, 'n Fenster zu reparieren – doch nur, damit der sich ansehen konnte, wie mein Mann sich bewegte und so ...!»

Nun mußte Furmaniak doch zum Notizblock greifen. «Interessant, das wußte ich ja noch gar nicht.»

«Sie wissen manches noch nicht», sagte Sabina.

«Richtig! Vor allem weiß ich nicht, warum Sie sich jetzt so für Kattlick engagieren – schließlich hat er Ihren Mann genauso auf dem Gewissen, wie Ihr Vater, wenn's wirklich stimmt, was er sagt ...»

Sabina sprang auf. «Weiß ich auch nicht! Wenn Sie mich wieder ... – ich bin im Krankenhaus!» Sie stürzte aus dem Zimmer.

Furmaniak schaltete das Radio ein, hörte einen Augenblick Nachrichten und den Wetterbericht, schaltete dann wieder ab, griff zum Telefon und wählte eine dreistellige Nummer: «Furmaniak hier. Bitte bringen Sie mir doch Jasch ins Zimmer nebenan. Zum Verhör, ja.» Er legte auf, ging zur Schreibmaschine und tippte ein paar Zeilen. Aussage Sabina Eccarius, so ... Er hüstelte noch ein paarmal, dann klinkte er die Tür zum Nebenzimmer auf. «Ah, guten Morgen, Herr Jasch – na, wenigstens ein bißchen Schlaf gehabt?»

Jasch sah ein wenig stadtstreicherhaft aus. «Wann kann ich denn endlich wieder nach Hause?»

«Ich hab erst um neun einen Termin beim zuständigen Richter gekriegt», antwortete Furmaniak, «der entscheidet das. Ihr Anwalt wird dann auch ...»

«Ich kann nur immer wieder sagen, daß ich nichts damit zu tun habe – weder mit Eccarius noch mit Kattlick. Das ist doch Wahnsinn!»

Furmaniak setzte sich. «Ich hätt Sie ja auch gar nicht hierbehalten, wenn da nicht die Information von der Bundeswehr gewesen wär. Zu Hanikas Geburtstag ist tatsächlich eine Phantom über Ihr Haus hinweggerast, irgendein mißglückter Start – 15 Uhr 48. Das deckt sich haargenau mit Kattlicks Aussage, Sie hätten diesen Augenblick genutzt, um Ihren Schwiegersohn zu erschießen.»

«Ich schwör's Ihnen, ich war's nicht.» Jasch hatte die Hände knapp unterm Bauch gefaltet und ließ die beiden Daumen umeinander kreisen.

Furmaniak ließ sich nicht beeindrucken. «Kurz vor 16 Uhr ging dann der Streit bei Ihnen los, und um 16 Uhr 05 sind dann die drei Schüsse gefallen, die Ihr Freund Hanika gehört beziehungsweise gesehen hat – Hanika und die übrigen Geburtstagsgäste. Ein Argument läßt sich sicher nicht vom Tisch wischen: das Ganze sieht so aus, als wäre es unheimlich gut eingefädelt worden.»

«Der Kattlick will sich doch nur rächen – das hätte dem so gepaßt, sich bei uns ins gemachte Nest setzen!»

«Was nicht von der Hand zu weisen ist – sicher», mußte Furmaniak zugeben. «Wie anders sollte er sonst zu einem Nest kommen ...»

Jasch wirkte gut vorbereitet. «Und wenn, dann müßten ja aus der

Pistole vier Schüsse abgegeben worden sein, nach Ihrer Theorie: drei, die von Hanika gehört worden sind, und einer, mit dem ich meinen Schwiegersohn erschossen haben soll. Sie haben aber gestern selber gesagt, daß Ihre Waffenexperten – daß die festgestellt haben: drei Schüsse und keiner mehr!»

«Beim vierten Schuß, da konnte man Sie von oben von der Terrasse aus ja nicht mehr sehen – und da vermuten wir, daß Sie eine normale Schreckschußpistole benutzt haben ...»

«Wir vermuten, wir vermuten!» rief Jasch. «Ihre Vermutungen werden Sie noch teuer zu stehen kommen. Hat man vielleicht die Sachen gefunden, mit denen sich Kattlick angeblich verkleidet haben soll?»

«Nein – aber es wäre ja auch Zeit genug gewesen, sie verschwinden zu lassen.»

«Ach, Quatsch! Wo leben wir denn hier, wer bin ich denn!?»

«Bitte, Herr Jasch!»

«Ich weiß, Sie tun nur Ihre Pflicht, nichts weiter – für meine Steuergelder! Und hat man vielleicht bei Kattlick auch nur einen Pfennig von dem Geld gefunden, das ich ihm angeblich gezahlt haben soll?»

«Nein, bis jetzt noch nicht ...» Furmaniak schnippste sich ein ausgefallenes Haar vom Jackett.

«Na also! Und an meinem Alibi ist ja wohl auch nichts auszusetzen – oder ?»

Furmaniak rieb sich das linke Ohrläppchen. «Nein, allerdings nicht. Sie hatten gerade Ihre Rede im VSK begonnen, als Kattlick ...»

«Vor mehr als fünfzig Zeugen!» betonte Jasch.

«... der Verband der Selbständigen Kaufleute und die Konjunkturpolitik der Bundesregierung – ich weiß.»

«Dann wissen Sie ja wohl auch, daß sich an meinem Wagen nicht die geringsten Spuren, nicht die allergeringsten Spuren finden!»

«Stimmt, ja ...»

«Na bitte!» rief Jasch.

Furmaniak starrte auf seine Fingerkuppen, ehe er zu sprechen begann. «Damit wir uns recht verstehen, Herr Jasch, ich bin nicht dieser Meinung, aber nun könnte ja der Vernehmungsrichter sagen: wenn er sich den Kattlick gekauft hat, um den Eccarius aus dem Wege zu schaffen, dann könnte er sich ja auch einen Herrn X gekauft haben, um dasselbe mit Kattlick zu tun.»

«Das ist eine bodenlose Unverschämtheit, das ist nicht wahr!»

«Und dann könnte er weiter sagen: Im Falle Kattlick hat er zwar ein

Alibi, aber was ist mit der Nacht, wo Kattlick ihn in der Firma getroffen haben will – da hat er keins ...?»

«Da hab ich zu Hause im Bett gelegen und geschlafen!»

«Leider allein ...» sagte Furmaniak.

«Jetzt langt's mir aber – von mir bekommen Sie kein Wort mehr zu hören!» Jasch sprang auf.

«Warten Sie», Furmaniak hielt ihn am Ärmel fest, «ich muß Sie leider noch ein Stückchen begleiten ...»

Eine knappe Stunde später, Furmaniak hatte sich längst wieder anderen Dienstgeschäften zugewandt, schrillte das Telefon, und Schulz-Kahlenberg war am Apparat.

Furmaniak ließ alles andere liegen. «Ja, Herr Doktor?»

«Ich wollte Ihnen nur schnell Bescheid sagen.»

«Dann ist Kattlick also ...?»

«Ja, um 8 Uhr 25.»

«Hat er noch etwas gesagt, was mich ...?»

«Nein, nicht mehr», sagte Schulz-Kahlenberg.

«Dann – haben Sie herzlichen Dank.»

«Bitte sehr. Wiederhören.»

«Auf Wiederhören, Herr Doktor, ja ...» Furmaniak legte auf. Haiduck kam gerade ins Zimmer. «Ah, da bist du ja – das Krankenhaus hat eben angerufen: Kattlick ist tot.»

«Und wir haben weder den Wagen noch den Fahrer. Was sagt denn Jasch?»

«Nichts – der streitet weiterhin alles ab.»

Haiduck warf ihm ein Blatt auf den Tisch. «Hier, lies mal, haben mir die Reporter geschenkt – 'ne Presseerklärung von Johannes Hanika, im Namen des VSK.»

Furmaniak begann zu lesen. «... *wenden uns mit allem Nachdruck gegen den Rufmord, der hier ganz offensichtlich an dem langjährigen und verdienstvollen Präsidenten unseres Verbandes verübt werden soll ... Jeder, der Reinhard Jasch kennt, weiß, daß er die ihm zur Last gelegten Vergehen niemals begangen haben kann. Wir verurteilen aufs schärfste alle Versuche, aus dieser Verkettung unglücklicher Umstände politisches Kapital schlagen zu wollen ... und so weiter und so weiter ... Wir legen unsere Hand dafür ins Feuer, daß Reinhard Jasch nicht das geringste mit dem zu tun hat, was ihm von einem rachsüchtigen Vorbestraften gestern vorgeworfen worden ist, und wir kämpfen mit ganzem Herzen für die Wiederherstellung seines untadeligen Rufes als Geschäftsmann und Bürger dieser Stadt.»*

«Da stehen die hier voll dahinter, alle», sagte Haiduck.

«Was sollte ich denn anders machen ...?» fragte Furmaniak.

«Ich glaub nicht, daß die uns ernsthaft anschießen, unsere verehrten Führungs- und Leitungskräfte, dazu hast du 'n zu guten Draht zum Personalrat, aber es sieht schon beschissen aus: Haussuchung Kattlick – nichts, Haussuchung Jasch – nichts!»

«Zeit genug, alles wegzuschaffen, hatten sie ja.»

Haiduck setzte sich auf Furmaniaks Schreibtisch. «Du kannst sagen, was du willst: dieser Kattlick, das war 'n riesengroßer Spinner – und wir sind gestern auf ihn reingefallen, das Krankenhaus und alles drum und dran ...»

Furmaniak spielte mit seinem Klammeraffen, heftete die Sportseiten der Morgenzeitung zusammen. «Stimmt schon: idiotisch von uns, darauf anzuspringen! Das ist nun das Ergebnis von zehn Jahren bei der Kripo: man hat inzwischen so'n düsteres Bild von dieser Gesellschaft gekriegt, daß einem alles möglich erscheint.»

«Ja, ja», sagte Haiduck. «Der Dichter fischt im Strom, der ihn durchfließt.»

«Sag mal – spinnst du?»

«Steht auf meinem Abreißkalender hier – Stanislaw Jerzy Lec.» Das Telefon schrillte wieder einmal.

«Da ist er sicher selber – nimm mal bitte ab.»

«Referant M – Haiduck. – Ah, ja ... Ja, ist ja interessant, ja ... Nein ... nein. Gut, wir warten drauf. Herzlichen Dank auch – auf Wiederhören.» Haiduck legte wieder auf.

«Was is'n los, wer war'n dran?»

«Die Kripo Dortmund. Der Mann, der Kattlick totgefahren hat, hat sich bei ihnen gestellt. Ein Oberstudienrat aus Krefeld – besoffen, weil sich seine Frau von ihm getrennt hat. Der hat nicht das allergeringste mit Reinhard Jasch zu tun. Bo-iing!»

Furmaniak schloß seine Schreibtischschublade. «Damit ist der Reinhard reingewaschen – reiner geht's nicht mehr.»

Es war Winter geworden, das Leben ging weiter. Schneeverwehungen überall.

Jasch stand am Fenster und starrte auf die Schneeflocken die durch die

Lichtbahnen schwebten, sich in die blaue Grube des leeren Schwimmbassins senkten.

Endlich hatte er Frau Hilkenbach am Apparat, Sabinas Nachbarin.

«Entschuldigen Sie bitte die Störung, aber hier ist Jasch ...»

«Guten Abend, Herr Jasch.»

«Könnten Sie mal bitte zu meiner Tochter rübersehen, ob da Licht brennt – ich versuch schon den ganzen Abend über anzurufen, da meldet sich aber keiner.»

«... kann sich ja auch keiner melden – wissen Sie denn nicht ...?»

«Nein, was denn nun schon wieder – ist was passiert?»

«Na, hat Ihre Tochter Ihnen denn nicht Bescheid gegeben ...?» Frau Hilkenbach sprach außerordentlich leise.

«Bescheid – worüber?»

«Ich bitte Sie: gestern früh war der Möbelwagen hier, Ihre Tochter ist doch mit den Kindern nach Berlin gezogen – das wissen Sie nicht!?»

«Nein, das weiß ich nicht ...» flüsterte Jasch.

«Ich hab mich schon gewundert, daß Sie nicht mitgeholfen haben», sagte Frau Hilkenbach.

«Hat sie denn nichts für mich hinterlassen?»

«Nein, sie hat nur gesagt, sie will in Berlin ein neues Leben anfangen – weit weg vom Schuß. Oh, Entschuldigung.»

Jaschs Stimme überschlug sich fast. «Meinetwegen – soll sie doch! Da wird sie schon einen finden, der sie vollends zugrunde richtet, da bestimmt!»

«Nehmen Sie's nicht zu tragisch, Herr Jasch», sagte Frau Hilkenbach.

«Nehm ich auch nicht, sie ist ja schließlich 'n erwachsener Mensch, sie braucht ja ihren Vater nicht mehr.»

«Machen Sie sich doch keine Vorwürfe, Herr Jasch, Sie haben doch weiß Gott getan, was Sie konnten ...»

Weltraumkälte hüllte sie ein. Frierend standen die Hanikas vor Jaschs Haustür und klingelten Sturm.

Hanika bückte sich und sah durchs Schlüsselloch. «Warum macht er denn nicht auf – es brennt doch Licht im Zimmer?»

«Vielleicht telefoniert er gerade», sagte Lissy.

«Mensch, da fällt mir ein ...! Gib doch mal her, du hast doch die

Zweitschlüssel in der Tasche ...» Er kramte ihn heraus und schloß auf. «So ... Hast du den Wein – oder liegt der noch im Auto?»

«Hier im Netz.»

«Aber länger als bis zwölf spiel'n wir heute nicht, ich muß morgen früh raus», sagte Hanika, während sie durch den Windfang gingen und in die Diele kamen.

Lissy sah sich nach allen Seiten um. «Reinhard, wo steckst du denn? Wir sind's – Hannes und Lissy!»

«Bei Jasch geht's selten rasch», lachte Hanika.

«Mußt du ihn denn immer ärgern!» Lissy beugte sich die Kellertreppe hinunter. «Reinhard ...!?»

Wiederum Fehlanzeige. «Vielleicht ist er noch schnell Zigaretten holen ...» Im Kamin brannte noch das Feuer.

Lissy kam ins große Zimmer. «Du, guck mal, was steht denn da auf'm Schreibblock, was hat er'n da aufgeschrieben, da – drüben auf'm Fernseher?»

Hanika ging hinüber und nahm den Block vom Fernsehapparat. «Der ist noch ganz warm, den muß er eben erst abgeschaltet haben.»

«Was steht denn da, lies mal – ich kann doch ohne Brille nicht ...»

Hanika las murmelnd: «*Liebe Lissy, lieber Hannes! Es tut mir leid, aber ich muß heute Abschied von Euch nehmen. Ich kann nicht mehr weiterleben ...*»

Lissy begann zu schluchzen. «Mein Gott, Hannes!»

«*Biene ist mit den Kindern nach Berlin gezogen, ohne mir ein Wort davon zu sagen. Ich habe alles falsch gemacht, es war alles sinnlos. Kattlick hat die Wahrheit gesagt, wir beide haben Eccarius auf dem Gewissen. Ihr habt von der Terrasse aus nur den falschen Eccarius gesehen, das heißt Kattlick. Ich hab das alles nur getan, um Biene zu retten. Es wäre ja auch alles gut gegangen, wenn Kattlick nicht angefahren worden wäre. Glaubt mir, ich bin kein schlechter Mensch gewesen ...*»

«... nein, das war er bestimmt nicht», sagte Lissy.

«*... und habe bei allem nur das Gute gewollt. Aber nun lohnt es sich nicht mehr zu leben. Ich sehe oben bei Euch das Licht ausgehen, ich setze mich jetzt in den Wagen und fahre los. Unterwegs wird sich dann schon eine Gelegenheit ergeben, schnell mit allem Schluß zu machen. Behaltet mich so in Erinnerung, wie Ihr mich all die Jahre hindurch kennengelernt habt. Es tut mir leid.*

In ewiger Freundschaft

Euer Reinhard»

Hanika schwieg, Lissy weinte.

«Schrecklich – das ist doch schrecklich!» schluchzte Lissy.

Hanika löste sich aus seiner Erstarrung. «Ich werd schnell die Polizei anrufen, vielleicht kann man ihn noch irgendwo ... Wo hat er denn das Telefon?»

Doch Lissy hielt ihn zurück. «Anrufen? Nein, nicht anrufen, warte noch mal!»

«Es kommt doch jetzt auf jede Sekunde an, was ist denn?»

«Es ist besser so», sagte Lissy.

Hanika herrschte sie an. «Wenn er in den Tod fährt – das soll besser sein?»

«Soll er vielleicht für den Rest seines Lebens im Gefängnis sitzen? Die sagen doch, daß es Mord gewesen ist, was er getan hat.»

«Aber wir können ihn doch jetzt nicht ...!»

Lissy wurde sehr energisch. «Und du, wie stehst du denn da? Du hast deine Hand dafür ins Feuer gelegt, daß er's nicht gewesen ist. Nun ist er's aber doch gewesen – Mord! Damit bist du doch erledigt – ein für allemal!»

«Was soll ich denn jetzt machen?» fragte Hanika.

«Nichts! Den Brief verbrennen, und dann gehen wir wieder nach Hause.»

«Damit hätten wir ihn doch quasi hingerichtet – oder?»

«Quatsch! Es ist besser so, für alle; für ihn, für uns, für Sabina – und für die Kinder erst recht. Wie sollen die denn damit fertig werden, wenn die hören, daß ihr Opa ihren Vater umgebracht hat – na!?»

«Ist ja gut, ich werf ihn ja schon rein.»

Er knüllte den Bogen zusammen, die Flammen erfaßten ihn.

Dehn ist alles zuzutrauen

Sie hießen Tanja und Thomas und waren gerade beim Vorspiel. Lustmaximierend hauchten Jane Birkin und Serge Gainsbourg ihr *«Je t'aime, moi non plus»* übers französische Bett. Leuchtreklamen und vorbeihuschende Autos warfen bunte, wilde Discoblitze in eine Welt voll Traum und Kerzenschein.

Mitten auf dem Weg zu besseren Planeten fuhr Thomas plötzlich hoch. «Was war'n das?» Er lauschte, konzentrierte sich auf die Geräusche.

«Was soll'n schon gewesen sein», brummte Tanja, «da is nebenan was umgefallen. Komm ...»

«Da schreit doch einer!» beharrte Thomas.

«Lassen schrein – der wird wieder high sein.»

Thomas setzte sich auf. «Wer wohnt'en jetzt nebenan hier ...?»

«So 'n ausgeflippter Apotheker – Clavis.»

«Hab ich noch nie gesehen.»

Jetzt war auch bei Tanja die Traum- und Sich-verlieren-Stimmung verflogen. «Meistens hängt er ja auch auf Ibiza rum oder auf'n Bahamas.» Sie steckte sich eine Zigarette an. «Aber biste vielleicht seinetwegen gekommen, oder wie versteh ich das? Komm, gieß mal was ein. Mann, nich so tranig!»

Thomas suchte nach der Weinflasche. «Was kann ich'n dafür, wenn da drüben so 'n Lärm is.»

«Hätten wir ja zu dir gehen können», sagte sie.

«Mit meiner Mutter am Schlüsselloch – haha!»

«Bis jetzt hätt sie ja kaum was zu sehen gekriegt – oder?»

«Mensch, wie soll'n da einer in Fahrt kommen, bei dem Gebrüll da drüben.» Thomas kippte seinen Wein hinunter, als wäre es stark gechlortes Leitungswasser.

«Mamma mia!», rief sie. «Gib mal 'n Schluck, sonst packt mich noch der kalte Wahnsinn! Danke.» Sie trank. «Gleich hat er sich den nächsten Schuß gesetzt, dann isser wieder für 'ne Weile ruhig.»

«Du kennst'en ja ziemlich genau», bemerkte Thomas.

«Na und?»

«Das war wohl mein Vorgänger, was?»

Tanja lachte. «Möchste woll gerne wissen. Vorgänger, haha!»

«Oder haste immer noch was mit dem?»

«Kannst'en ja mal fragen.»

Er wollte sie packen. «Tanni!»

Sie wich ihm aus. «Tommi, laß das! So geräuschempfindlich wie du, is er bestimmt nich.»

Er ließ ab von ihr. «Wie meinsten das?»

«Daß er alles andere vergißt, nur weil nebenan einer rumbrüllt», erläuterte sie.

«Hörste das denn nicht? Jetzt schreit doch einer um Hilfe.»

«Ich hör nichts.»

Thomas war fast in Panik geraten. «Mußte dir mal die Ohren ...» Er sprang aus dem Bett. «Wo sind denn meine ...!» Schon stürzte er aus dem Zimmer hinaus.

«Thomas, Mensch ...!» Sie wollte ihn noch halten, verfehlte ihn aber.

Thomas riß die Wohnungstür auf, sprang über den Treppenflur und klingelte an der gegenüberliegenden Tür. Noch mal. Wieder nichts. Die Treppenbeleuchtung erlosch.

In diesem Augenblick wurde Clavis' Wohnungstür aufgerissen und ein dunkles, tierhaftes Etwas warf sich Thomas entgegen, eine schwarze, massige Woge. Erst hielt er stand, kämpfte er an gegen tausend Hydraarme, wollte nicht versinken, dann aber bekam er einen heftigen Schlag auf den Kopf, brach mit einem Schmerzensschrei zusammen und stürzte, immer wieder aufschlagend, die Treppe hinunter.

Von der Intelligenz her hätte Klaus-Dieter Dehn, 27, ohne weiteres die Mittlere Reife geschafft, wenn nicht gar das Abitur, aber da hatte es niemanden gegeben, der ihm diese Ziele schmackhaft gemacht und ihn zum Lernen angehalten hätte. Seine Mutter hatte einzig und allein nur ein Interesse: ihre häufig wechselnden Männerbekanntschaften, von und mit denen sie lebte. Auch sein Vater hatte ihn nicht sonderlich motivieren können, sich jahrelang anzustellen, um irgendwann einmal die Eintrittskarten ins bürgerliche Wohlstandsleben ausgehändigt zu bekommen; der war bald nach seiner Geburt irgendwo in Kanadas Weiten verschütt gegangen. Von den 55 Mark und 20 Pfennigen, die er seinem Sohn hinterlassen hatte, ließen sich schwerlich dreizehn Jahre

Schule finanzieren. Und die Großmütter, Tanten, Heimleiter, und wie sie alle hießen, die konnte man getrost vergessen.

So wuchs er heran mit all seiner Intelligenz und seiner Cleverness und all seinen Träumen, akzeptiert zu werden, was darzustellen und all die Dinge zu haben, von denen alle sagten, daß sie das eigentliche Leben seien: Auto, Haus und all das andere. Wie aber, ohne Schulabschluß, ohne Beruf, ohne Beziehungen? Statt Apotheker, Rechtsanwalt oder gar Kriminaloberrat zu werden, wurde er der Fall Klaus-Dieter Dehn, der Gerichten wie Behörden eine Menge Arbeit machte.

Was blieb ihm weiter übrig; eine kriminelle Karriere war immer noch besser als gar keine. Schnell begreifend, daß mit der zunehmenden Amerikanisierung unserer Verhältnisse auch der Aufschwung des organisierten Verbrechens erfolgen mußte, hatte er sich bald hinaufgearbeitet. Und dementsprechend selbstbewußt wurde er, schien er doch instinktiv zu spüren, daß er das letzte Stückchen Klassenkampf repräsentierte, das diese Gesellschaft noch nicht hinwegharmonisiert hatte.

Sein eigentliches Zuhause war die «Heiße Ecke» geworden, ein Lokal, das sein Freund Bulkowski, Bulli genannt, für ihn betrieb, und sein großes Hobby war das Pool-Billard.

So auch an diesem Vormittag. Die Bälle klickten, und gespannt sah er zu, wie sie in die Löcher fielen. «Sieben – vier – Scheiße! Der aber ...! Dreizehn. Macht vierundzwanzig.»

«Du bist der Größte!» rief Bulli. «Ich sag's ja!»

«Quatsch nich», brummte Dehn, «oder willste mal 'ne Kragenweite Null haben?»

«Ha ha!» machte Bulli, der alles andere als bullig wirkte, eher klein und mickrig.

«He, Babsy, schlaf nich ein – wie steht's denn?»

«Vito vierundvierzig, Bulli einundzwanzig, ich hab sieben.» Vito war Dehns Spitzname, und Babsy war eine der Damen, wie man sie vor Augen hat, wenn man die einschlägigen Anzeigen in den Boulevardzeitungen durchblätterte. Auch Hausbesuche. Ein blondes Spitzenmodell, eher mollig als knabenhaft.

«Wo bleibt denn Karabük?» fragte Dehn. «Damit ich endlich mal 'n vernünftigen Gegner hab?»

«Keine Ahnung.» Bulli zuckte die Schultern.

«Der wollt doch sehen, daß er den Stoff los wird, du weißt schon ...»

«Den ich aus Berlin mitgebracht habe, Heroin, 120 Gramm ...» Dehn jagte die verbliebenen Bälle über den Billardtisch. «Wenn der mich linken will, der krumme Hund der! Das Zeug ist mindestens zehn Mille wert. Ich trau diesem Kameltreiber nich mehr übern Weg, wie der mich immer anstiert.» Zwei Bälle polterten in die Löcher. «Zwei und ... der Zehner!»

«Karabük, der is doch tacko!» sagte Bulli.

«... 'n Laumann ist das, undurchsichtig!» sagte Dehn.

Babsy bremste. «Mann, nu macht man keinen Tanz hier – noch vorm Essen! Bulli is dran.»

«Wieso'n Bulli?» wollte Dehn wissen, während er sein Queue einrieb und sich mit eleganter Geste die blaue Kreide vom hellen Anzug stäubte.

«Weil dein Stoßball mit ins Loch gefallen is», antwortete Babsy.

«Paß mal auf, daß er dir nich mal reinfällt!»

«Mann, hast du 'ne Laune, geh mal zum Bello, kotz dich aus!» Bello, so nannte man im Knast die Klosettschüssel.

In diesem Augenblick kam Karabük – Karabük aus Izmir – durch die Tür spaziert. Er sprach ausgezeichnet Deutsch, wenn auch etwas hart. Auffällig war lediglich, daß er das R, wenn es am Schluß eines Wortes stand, mit einem zusätzlichen sch-Laut versah, also «meine Muttersch» sagte, wenn er von seiner Familie berichtete.

Karabük knallte die Tür hinter sich zu. «Hallo!»

Dehn setzte sich auf den Billardtisch. «Wen seh ich denn da: Karabük-Pascha – warste erst in Istanbul, wa?»

Karabük warf ein kleines Päckchen auf das grüne Billardtuch. «Da hast du deinen Mist. Sie haben mir was in die Fresse gegeben, hier siehst du noch Blut, kannst du noch sehen! Und weißt du, was sie gesagt haben? Wenn uns der Dehn noch mal einen schickt, den sieht er nich mehr lebend wieder. *Bozuk, hastane!*»

«Nimm den Schnee da vom Billard, du hast wohl nich mehr alle ...! Jetzt ist das alles aufgeplatzt.»

«Das ist kein Heroin, das ist Traubenzucker und anderer Scheiß! Du Witzbold.»

Dehn stieß den Billardstock auf den Boden. «Hör auf, hier Zoff zu machen! Ein Anruf bei der Ausländerbehörde – und morgen biste abgeschoben.»

«Und du im Knast!» gab Karabük zurück.

«Kannste dir ja ausrechnen, wo *du* dann hinkommst. Dann werd ich mal den Kasper niesen lassen!»

«Was?» Karabük verstand nicht, was Dehn damit meinte.

«Für Geld, da gibt's Leute, die alles machen», erklärte ihm Dehn, «und wenn de dich im letzten Dorf bei euch zu Hause verkriechst.»

«Große Schnauze!» sagte Karabük.

«Sag das noch mal!» Dehn bewegte sich langsam auf ihn zu. Das Queue polterte auf den Boden.

«Hände weg!»

Bulli ging dazwischen. «Auseinander, Mensch ...!»

Dehn stieß ihn zur Seite. «Du Leckarsch hältst das Maul hier!»

«Ruhe!» schrie Babsy.

Dehn wandte sich zur Seite. «... und du erst recht!» Schon hatte er Babsy eine runtergehauen. «Sonst gehste morgen wieder auf die Straße!»

Bulli nahm sie schützend in die Arme. «Babsy läßte in Ruhe, hörste!»

«Seid ihr denn alle ausgeflippt!» brüllte Dehn. «Wer ist denn hier der Boss – heh!?»

«Das möcht ich auch mal gerne wissen», höhnte Bulli.

«Wie meinsten das?» Dehn kniff die Augen zusammen und fischte seinen Schlagring aus der Hosentasche.

Bulli wich keinen Schritt zurück. «So wie ich's sage.»

«Du hast hier gar nichts zu sagen!» schnauzte Dehn.

«Is das nun meine Kneipe oder wessen?»

«Deine, haha! Ohne mich, da wärst du doch bloß 'n kleiner Eierklau und bloß dauernd inner Kiste drin, da wärt ihr doch alle 'n Dreck. Du im Gummiknast, Babsy in der letzten Absteige und Karabük als Wasserleiche im Bosporus. So isses doch – oder is es nich so?»

Bulli trank in aller Ruhe sein Bier aus. «Tatsache is ja mal, daß du nur noch Fahrkarten schießt. Wir hängen da wochenlang im Erlengrund rum, was meinste, wie sauer das is, bis du an so'ne Villa da rankommst: echte Bilder, wertvolle Gemälde und all so'n Scheiß. Deine Sprüche ...! Und als wir den Palast dann ausgeräumt hatten, was war: alles bloß Kopien. Reingelegt hatten sie dich.»

«Das kann ja nun jedem mal passieren», sagte Dehn.

«Nich, wenn sich einer richtig drum kümmert ...»

«... und nich nur zu Hause vorm Fernseher sitzt und sich zehnmal inner Woche den ‹Paten› ansieht.» Auch Babsy war nicht mehr zu halten. «Don Vito Corleone, daß ich nicht lache. Das mit dem Vito, das kannste dir langsam abschminken. Der kleine Klaus-Dieter Dehn – vom Größenwahn gepackt, haha!»

Dehn holte zum zweitenmal aus. «Du hältst das Maul ... Du ...»

Doch Karabük bog seinen Arm zurück. «Und was war mit dem Porsche, den wir geklaut haben, wie du gesagt hast? Für Mailand. Als wir in Mailand angekommen sind, war der Motor im Arsch, der Wagen gleich auf den Schrottplatz.»

Babsy schlug in dieselbe Kerbe. «Nischt läuft mehr, auch bei mir in der Pension nich mehr. Als ich heute morgen die Abhole machen will – wieder zweie geflitzt. Und was meinste, was die bunkern, da bringt doch keine das Limit mehr. Und du – du sitzt hier bloß vor der Glotze und kuckst dir alte Filme an, Al Capone! Ja, Scheiße ...»

«Hört doch endlich mit diesem Geseire mal auf!» schrie Dehn. «Ich hab da 'ne große Sache, da brauch ich Zeit für.»

«Ohne mich», sagte Bulli. «Ich hab die Nase voll, ich steig jetzt aus.»

«... 'n Geldtransport», suchte Dehn ihn zu ködern, «drei Millionen, mindestens.»

«Bei mir is Sense!» wiederholte Bulli.

«Bei mir auch», sagte Karabük.

Dehn trat zwei Schritte zurück und herrschte sie an. «Bei mir steigt keiner aus, klar? Ich brauch jetzt jeden!»

Bulli ließ auch das unbeeindruckt. «Nee, du, bei dir, da is die Luft jetz raus, das wird doch nischt mehr! Gute Nacht, Marie!»

«Ihr Idioten ihr!» brüllte Dehn plötzlich. «So könnt ihr mir nicht kommen, mir nicht: ich und 'n Schlappschwanz! Zeitung lesen könnt ihr ja wohl noch, wenn ihr auch sonst unheimlich dußlig seid und nich mehr merkt, was Sache is. Hier ...!» Er riß eine Zeitung aus seiner Manteltasche. «Hier, lies mal vor, los, lies!»

Babsy tat es. «Apotheker mit Sektflasche erschlagen – Mord in der Platanenallee – Täter konnte flüchten. In den frühen Abendstunden des gestrigen Tages wurde der sechsunddreißigjährige Apotheker Carl-Heinz Clavis in seiner Wohnung in der Platanenallee 61 von einem bisher noch unbekannten Mann erschlagen. Der Tat soll ein heftiger Streit vorangegangen sein. Wie Mitbewohner berichten, soll Clavis ...»

«Is das unser Clavis?» fragte Bulli dazwischen.

«Ja, das is unser Clavis. Und wißt ihr, was der wollte: aussteigen wollte der. Und mich außerdem noch erpressen. Die Schulden, die ich bei dir noch hab, die vergißt du, und dafür halt ich die Schnauze und lauf nich zu den Bullen. Das war die letzte Ansage, die er noch machen konnte – dann war's aus mit ihm. Vielleicht habt ihr jetzt begriffen, was hier Sache is! Und sollte einer von euch singen wollen: ich krieg jeden, auch wenn er im Knast sitzt. Seine Brieftasche hab ich noch mitgenommen, hier, die war voll bis oben ran, alles blaue Riesen, der wollte gerade ins Spielcasino. Das teil'n wir, und dann machen wir einen flott. Alles klar?»

Karabük, Bulli und Babsy wagten nur noch ein zustimmendes Murmeln.

Kranken Menschen zu helfen ist gut und edel, und wenn einem die Menschen, denen man geholfen hat, auch noch derart dankbar sind, daß sie einem an die hunderttausend Mark im Jahr dafür zahlen müssen, dann sollte man mit seinem Beruf überaus zufrieden sein, auch wenn andere einen hinter vorgehaltener Hand als akademischen Pillenverkäufer bezeichnen.

Was soll's, pflegte Vera Wiechmann zu sagen, es kann ja jeder Apotheker werden, wenn er will, und außerdem haben wir unheimliche Startschwierigkeiten gehabt, schon die Kredite für die Geschäftseinrichtung, ehe die alle zurückgezahlt waren, und wenn man sich nur einmal irrt, dann kann das unvorstellbare Folgen haben.

Und außerdem gab es Probleme zu lösen, die schon den ganzen Menschen erforderten, und dieser unheimliche Streß dazu! Wie an diesem Morgen etwa, als das Telefon gar nicht mehr stillstehen wollte.

Vera Resoluta, wie die Freunde des Hauses sie nannten, nahm ab. «Prinzregenten-Apotheke – Wiechmann, bitte ...?»

Eine leicht verunsicherte Dame war dran. «Hier ist Buchmann. Ich hatte gestern mit Ihrem Mann gesprochen wegen einer Baby-Waage, die wollte er mir ausleihen, und die sollte heute zurück sein. Hat Ihnen Ihr Mann ...?»

«Nein, hat er nicht, aber ich frag ihn mal. Momentchen bitte ...» Sie legte den Hörer auf den Tisch und ging in die hinteren Räume. «Christian, Mensch, du kannst doch nicht den ganzen Tag über im Bett bleiben.» Sie machte sich daran, ihren Mann wachzurütteln.

Wiechmann war überaus schlaftrunken und apathisch. «Laß mich, Vera, bitte ...»

«Da ist die Frau Buchmann – ob die Baby-Waage für sie da ist.»

«... unterm Schreibtisch», murmelte er.

Vera eilte wieder hinaus. «Hören Sie, Frau Buchmann, Sie können sie jederzeit abholen.»

«Das ist, nett, vielen Dank auch.»

«Nichts zu danken, gern geschehen.»

«Auf Wiederhören.»

«Auf Wiederhören.» Sie legte auf. Ihre Angestellte bediente andere Kunden, eine elektronische Registrierkasse piepte ähnlich wie das elektronische Tele-Spiel der Kinder. «Ich geh mal 'n Moment nach hinten, Fräulein Bagusat; wenn Sie's nicht alleine schaffen, rufen Sie mich.»

«Is gut, ja.»

Vera setzte sich auf die Bettkante. «Christian, guck mich mal an, hast du wieder was genommen?»

«Nein, aber hätt ich man ...»

«Was ist denn eigentlich los mit dir?» Sie wurde sehr energisch. «Du siehst ja aus wie'n Häufchen Unglück. Also!?»

Wiechmann hatte die Augen geschlossen. «Gestern abend is was Schreckliches passiert.»

«Was'n? Wieder was vom Finanzamt – mach doch mal den Mund auf, ich versteh nichts.»

«Nein, nichts vom Finanzamt ...»

«Von 'ner Bank?» forschte sie weiter.

Wiechmann stöhnte, gab sich mit Wonne dem Selbstmitleid hin. «Wenn's man das bloß wäre ...»

Sie wurde ungeduldig und ärgerlich. «Mann Gottes, ich hab nicht soviel Zeit, ich muß wieder nach vorne. Es reicht ja, wenn einer ausfällt, oder? Nun mach schon – was ist, warum liegst du hier noch um zehn im Bett rum, das muß doch 'n Grund haben! Und diese Fahne wieder – getrunken hast du also wieder!»

«Was soll ich denn sonst noch machen?»

Sie schüttelte ihn. «Mir jetzt endlich sagen, was los ist! Also ...?»

«Ich hab einen umgebracht», flüsterte er.

«Spinnst du!?»

«Das war Notwehr, der wollte mich erpressen.»

«Wer wollte dich erpressen?»

«Na der Clavis.»

«Welcher Clavis?»

«Auch 'n Apotheker.»

Sie steckte sich eine Zigarette an, zog den Rauch tief in die Lungen hinein. «Vom Studium her einer?»

«Nein, nicht von der Uni her, da hab ich den nie gesehen.»

«Und woher kennste den?»

«Der stand plötzlich in der Apotheke hier», berichtete Wiechmann, «letzten Freitag, Freitag vor 'ner Woche.»

«Ja – und?»

«Da warst du gerade beim Zahnarzt.»

«Das ist doch jetzt egal!»

«Wenn du vielleicht ... wenn du nicht gerade ...»

Sie stampfte mit dem Fuß auf. «Was war denn nun!?»

«Er hatte 'ne Quittung dabei, daß er den Laden hinten, Mozart- Ecke Schumannstraße, gemietet hatte, ab nächsten Ersten, da wo jetzt das Tapetengeschäft drin ist, im Einkaufszentrum. Die hat er mir sogar geschenkt ...»

«Den Laden gemietet ...?» wiederholte sie.

«Ja, um da 'ne neue Apotheke aufzumachen.»

«Langsam versteh ich ...»

Wiechman erwachte aus seiner Lethargie, wurde geradezu hektisch. «Da in dem Hochhaus nebenan sind alleine zehn Arztpraxen drin, da kommen siebzig Prozent unserer Kunden her, das wär doch unser Ruin gewesen, wenn der die vorher abgefangen hätte.»

«Und für seinen Verzicht, da wollte er Geld für haben?» fragte Vera.

«Erst dreißigtausend, dann ist er auf zwanzigtausend Mark runtergegangen. Aber woher soll ich die nehmen – bei unseren Schulden! Hätten wir bloß dieses idiotische Haus nicht gekauft, aber du ...»

«Nun mach mal 'n Punkt! – Du bist also hin zu ihm?»

«Ja, in die Wohnung, um ihm das alles auszureden, was er da vorhatte – und da sind dann ... Steht ja alles in der Zeitung hier drin ...» Er faltete die Morgenzeitung auseinander, schlug mit der flachen Hand drauf. «Hier, haste schon gelesen!?»

«Nein ...» Sie überflog den Bericht. «Was, mit 'ner Sektflasche erschlagen ...?»

Wiechmann hatte sich aufgesetzt. «Ich weiß auch nicht, wie das alles ... Plötzlich bin ich aufgesprungen und auf ihn zu – da wollte er mich rausschmeißen. So mit der Faust ist er auf mich zu, und an die Kehle ... Mit einemmal hab ich auf'm Boden gelegen, und da stand dann die Sektflasche. So ist es dann gekommen, das war reine Notwehr, wirklich, ich dachte, der ...»

Es entstand eine längere Pause, man hörte nur die Registrierkasse draußen fiepen.

«Hat dich denn einer gesehen?»

«Der Nachbar da, aber den hab ich die Treppe runtergestoßen und rüber. Im Dunkeln.»

«Der hat dich also nicht erkannt ...?» wollte sie sich vergewissern.

«Ist doch egal, ob der mich erkannt hat, ich muß doch sowieso zur Polizei. Oder war'n die schon hier?»

«Nein, wieso? Natürlich nicht.»

«Wieso, wieso? Weil's ja doch rauskommt.» Wiechmann suchte nach seinen Hausschuhen.

«Wieso soll's rauskommen?» fragte sie.

«Der Clavis, der wird doch diesen Trick öfter probiert haben», vermutete Wiechmann.

«Um so besser für dich», sagte Vera. «Hat er denn Aufzeichnungen gehabt, wo unsere Apotheke drinsteht?»

«Weiß ich nicht, gesehen hab ich keine.»

«Haste sein Notizbuch nicht mitgenommen?»

Er sah sie ganz entgeistert an. «In solcher Situation, da ... da ...»

«Okay!»

«Was nun?» fragte er.

«Was soll sein? Nichts!»

Wiechmann suchte seine Kleidungsstücke zusammen. «Rufst du'n Anwalt an, kommst du mit zur Kripo?»

Vera tippte sich an die Stirn. «Ich werd 'n Teufel tun. Das einzige, was wir jetzt tun werden, und zwar ganz intensiv tun werden, das ist: abwarten.»

«Ich muß mich doch aber ... Ich hab doch schließlich den Clavis ...»

Sie drückte ihn aufs Bett zurück. «Nichts mußt du, außer 'n paar Valium schlucken. Kein Mensch kann dich zwingen, die zweite Dummheit zu tun, wenn du gerade die erste getan hast. Also ...!»

«Ich weiß nicht, aber ...»

Wer in der kriminalpolizeilichen Praxis stehe, der wisse, daß die Bearbeitung eines Verbrechens eine ungemein präzise Denkarbeit erfordere, pflegte Gonschorek, ein gestandener Kriminaloberkommissar, einleitend zu sagen, wenn er als Lehrbeauftragter an der hiesigen Polizeischule einen neuen Kursus begann. Die Aufklärung müsse nach jeder Richtung hin – rechtlich wie faktisch – einwandfrei und lückenlos sein. Der Bau der praktischen Ermittlungsarbeit sei auf einem Grundriß zu errichten, den man nur durch vorhergehendes genaues Planen gewinnen könne. «Hierzu», so fuhr er dann mit erhobener Stimme fort, «bedarf es nicht nur gesunden Menschenverstandes, der Fähigkeit, logisch zu denken, sondern – wie bei der Errichtung eines jeden Baues – der Beherrschung gewisser Erfahrungsgrundsätze, Regeln und Lehren. Erst die Urteilsfähigkeit des erfahrenen Praktikers aber ermöglicht dies alles.»

Daß er diese Sätze nahezu wortwörtlich dem Buche «Kriminaltaktik» von F. Meixner entnommen hatte, wußte er schon gar nicht mehr.

Heute war er leider verhindert, sich auf seine laufende Nebentätigkeit, eben die Unterweisung des Nachwuchses, noch besonders vorzubereiten, denn da gab es ja den Mordfall Clavis.

Gerade hatte er im Drei-Finger-Suchsystem die Aussagen zweier wichtiger Zeugen zu Papier gebracht.

«So ...!» Er riß den Bogen aus der Maschine. «Dann überfliegen Sie das mal, was ich da im Protokoll festgehalten habe, und unterschreiben Sie's. Die Namen hab ich doch richtig – Fräulein Noll, Tanja, und Herr Malkowsky, Thomas, Platanenallee 61 ...?»

«Malkowski mit i bitte, nicht mit y», sagte Thomas.

«Also kein echter polnischer Landadel», lachte Gonschorek. «Lassen Sie's, ich verbesser's nachher.»

«Hier unterschreiben, ja?» fragte Tanja.

«Sieht man das nicht?»

«Doch, ich dachte nur ...»

Gonschorek riß ihr den Bogen weg. «Sehr schön so, ja. Dann noch die Anzeige wegen der Körperverletzung da ...»

«Zwei angebrochene Rippen – so richtig schön die Treppe runter hat der mich ... « Thomas stöhnte auf.

Gonschorek sah ihn mißbilligend an. «... 's hätte schlimmer kommen können. So! Ja, das wär's dann wohl ... Wenn noch was sein sollte, dann kommt mein Kollege noch mal bei Ihnen vorbei, Schröder, den kennen Sie ja, unser junger Dichter und Denker, der Herr Diplom-Polizist.»

«Der war doch unheimlich nett», wagte Thomas einzuwenden.

«Hab ich das Gegenteil behauptet? Dann haben Sie vielen Dank, Fräulein Noll ...» Er gab ihnen die Hand. «Herr Malkowski – Sie haben uns sehr geholfen.»

Tanja wischte sich die Hand am Pulli ab. «... klar, wenn Sie nur bald Clavis' Mörder ...»

«Wir werden uns alle Mühe geben ...» Gonschorek öffnete ihnen die Tür. «Auf Wiedersehen.»

«Auf Wiedersehen, ja ...»

Gonschorek schloß die Tür hinter ihnen, pfiff einen preußischen Marsch, trommelte ihn, nachdem er sich wieder gesetzt hatte auf der Schreibtischplatte weiter, brach dann abrupt ab und wählte eine dreistellige – also behördeninterne – Nummer.

«Hallo, Günther, Gonschorek hier. Sag mal, wie weit seid ihr denn mit den Fingerabdrücken? Wißt ihr schon, ob bei Clavis' Besuchern einer bei war, den wir ganz besonders lieb haben? Noch nicht? Mann, dann beeilt euch man 'n bißchen. Ich ruf nachher noch mal an. Was, der Schröder war schon da? Was geht denn den das an ... Ah, da kommt er gerade ins Zimmer rein. Bis später dann. Tschüß.» Er legte auf und wandte sich Schröder zu. «Na, wie sieht's aus?»

«Ganz schön exotischer Vogel, dieser Carl-Heinz Clavis. Carl-Heinz mit C.» Schröder, knapp halb so alt wie Gonschorek und noch nicht ganz aus dem Pickelstadium heraus, fiel auf seinen Stuhl.

«War der wirklich Apotheker?» fragte Gonschorek.

«Ja, sicher, astreines Studium der Pharmazie, Abschluß an der FU Berlin.»

Gonschorek lachte. «Na ja, dann!»

«Wieso?» fragte Schröder.

«Nur so.»

«Einer, der in Regensburg studiert hat, kann genausogut ausflippen», sagte Schröder.

«War er also ausgeflippt?»

«Offenbar ja. Sehen Sie mal die Fotos hier ...» Er fischte sie aus seiner Innentasche und reichte sie Gonschorek hinüber. «Hab ich bei ihm in der Kommode gefunden.»

«Ah – Ibiza!» Gonschorek sprach es wie *Ibittza* aus.

Schröder konnte sich nicht verkneifen, ihn mit spanisch-richtiger Aussprache unmerklich zu korrigieren. «Ibiza – ja. Disco – Swimming im *San Rafaele*. Nach dem Gin-Tonic im *Mono Denudo* zum Diner ins *Sausalito* ...»

Gonschorek sah hoch. «Sie kennen sich ja aus da ...?»

«Ich hab mich nur 'n bißchen bei Clavis umgesehen.»

Gonschorek kam richtig in Fahrt. «Mensch, sind das Miezen hier; da ...! Und die Unterschriften unter den Bildern: Juliette – Amore im Morgengrauen. Wo ist der nächste Dienstreiseantrag, her damit! Das hier laß ich mir vergrößern, das kommt an die Wand hier!»

«Nicht immer davon reden, selber Playboy werden»,sagte Schröder.

Gonschorek bekam es sofort in die falsche Kehle. «Es muß ja auch noch 'n paar Dumme geben, die die Arbeit tun – oder? Aber sagen Sie mal, wie hat er denn das alles bezahlen können – seine Apotheke in der Bahnhofstraße, die hat er doch schon seit zwei Jahren verkauft gehabt, oder irr ich mich da?»

«Nein, nein, 78 hat er die verkauft.»

«Und wovon hat er seitdem gelebt, doch nicht nur von dem Erlös davon?»

Schröder tat ganz souverän, nutzte seinen Informationsvorsprung. «Den hat er bald verspielt gehabt. Ich hab mal rumtelefoniert vorhin: in den drei Spielcasinos hier im Umkreis steht er in der Kartei drin und scheint da 'n guter Kunde gewesen zu sein. Seine Wohnungsnachbarin, die hat da nie was mitgekriegt von, aber die sagt ja auch, daß sie ihn nicht weiter gekannt habe.»

«Hat sie Glück gehabt», warf Gonschorek ein.

«Auf den Rennbahnen in Köln und Gelsenkirchen soll er auch ab und zu mal gewesen sein», fügte Schröder hinzu.

«Und zwischendurch immer wieder nach *Ibittza* – herrliche Bilder!» Gonschorek ging die Fotos immer wieder von neuem durch. «Irgendwo muß er das Geld doch hergehabt haben?»

«Was ich bisher so gehört habe, da soll er auch drogenabhängig gewesen sein.»

«Ah, ja! Was sagt das Rauschgiftdezernat?»

Schröder blätterte in seinen Notizen. «... hat 'n paarmal unter Verdacht gestanden: Einlösung von offenbar gefälschten Rezepten, Herstellung von LSD und so weiter – aber sie haben ihm nie was nachweisen können.»

Gonschorek lehnte sich zurück. «Prima, langsam kann ich mir schon ein Bild davon machen, wie's gewesen sein könnte. Clavis ist rauschgiftsüchtig, und Clavis hat 'n Riesenberg von Schulden. Irgendeiner aus der Szene bekommt das mit und macht sich an Clavis heran. Clavis spielt mit. Dann wollen die was von ihm, wovon er nichts wissen will: vielleicht wollen sie ihn in irgendeinen Knast einschleusen, damit er ihnen da 'n Verteilernetz aufbaut. Bei seiner Intelligenz! Und als Apotheker hätte er doch sofort 'n Kalfaktorposten im Sanitätsbereich bekommen, auf alle Fälle. Sie werden ihm Gott und die Welt versprochen haben. Doch was macht Clavis? Clavis sagt nein. Die Folge: ein Ulti matum, ein wildes Handgemenge, dann wird er erschlagen. Der Täter ergreift die Flucht, schlägt den Jungen von nebenan nieder und kann entkommen. – Klingt doch gut, oder?»

«Im Augenblick wüßte ich auch nichts Besseres ...»

«Das freut mich aber!»

Schröder ignorierte Gonschoreks letzte Bemerkung. «Haben die beiden – Tanja, Thomas – denn was bei uns gefunden, ich meine, auf unseren Kundenfotos einen wiedererkannt?»

«Unser Pärchen? Er nicht, da war ja gerade die Treppenbeleuchtung ausgegangen. Und sie hat den Täter auch nicht gesehen, sie hat aber drei Männer wiedererkannt, die mal bei Clavis gewesen sind, gewesen sein sollen – alles hochkarätige Profis: Werner Olischewski, Wolfgang Jonas und Klaus-Dieter Dehn.»

Schröder nickte und versuchte, sich die Namen einzuprägen. «Fingerabdrücke sind ja noch nicht ausgewertet, haben Sie schon mal nach den Alibis gefragt?»

«Das können Sie gleich mal tun, obwohl ich mein ganzes Vermögen für wette, daß die drei Herren todsicher eins haben.»

«Olischewski, Jonas und Dehn», wiederholte Schröder.

«Unser hoffnungsvoller Nachwuchs, alle zusammen mehr als zwanzig Jahre Knast, obwohl sie im Schnitt erst dreißig sind.»

«Ich werd mich mal umhören.» Schröder stand auf.

«Aber noch nicht die Pferde scheu machen», warnte Gonschorek. Dann stutzte er einen Augenblick. «Mensch, Schröder, ich glaub, jetzt tritt mich eins – sehen Sie sich das hier mal an, das quadratische Bild hier, das verwackelte ...»

«Clavis und drei nackte Mädchen in irgend 'ner Felsbucht ...» sagte Schröder.

«Sehn Sie doch mal genauer hin: die kleine Schwarze da auf'm Felsbrocken – na!?»

«Ich werd verrückt, das ist doch die von nebenan – Tanja!»

«So ist es!» sagte Gonschorek.

Stillstand ist Rückschritt, und jeder freie Unternehmer weiß, daß er Neues wagen muß, will er im harten Konkurrenzkampf überleben. Das ist ja gerade der entscheidende Unterschied zwischen dem Lohnabhängigen, also dem Arbeiter, Angestellten und Beamten und dem Selbstständigen, daß letzterer die volle Dispositionsfreiheit in der Gestaltung seiner Arbeit hat und mit hohem beruflichen Können zu einer individuellen Lebensplanung in der Lage ist. Keiner sichert ihn ab, alle Verantwortung hat er ganz allein zu tragen, und ist er nicht mehr dynamisch genug, so geht er bald zu Grunde.

Das alles war Dehn klar, als er in seinem roten Porsche saß, Babsy neben sich, und um einen jener überdimensioniert-kahlen Plätze kurvte, wie sie die meisten Städte aufzuweisen haben.

Endlich hatte er Erfolg. «Da ist ja die Parklücke, die wir brauchen! Denk dir mal was aus, damit wir die am Tage X auch frei haben.»

«Wann soll'n das sein?» fragte Babsy.

«Wenn Karabük die Haftladung besorgt hat. In drei Wochen vielleicht.»

«So lange?»

Dehn stellte den Motor ab. «Ich will doch noch sehen, ob man das nicht unauffällig filmen kann, wie das da drüben vor der Bank abläuft. Bulli besorgt sich 'n Wohnmobil, so eins mit Fenster und Gardinen, und hält hier 'n Weilchen, bis ich alles auf'm Film drauf habe. Fünf Minuten, wenn's hochkommt. Stehen wir öfter hier, um uns die Sache anzusehen, merkt noch einer was. Guckst'es dir zu Hause an, wird kein Schwein auf die Idee kommen, daß wir ... Siehste, da hält der Geldtransporter – auf die Minute genau! Jetzt müßte Karabük da drüben in der Telefonzelle stehen – Scheiße, daß er noch nicht da ist, das wär 'ne schöne Probe heute!»

«Und wenn die Zelle nun besetzt ist?» wandte Babsy ein.

Dehn tippte sich an die Stirn. «Na klar wird die besetzt sein, aber von dir. Dann kommt Karabük mit dem ersten Fluchtauto, steigt aus, gibt dir die Autoschlüssel und telefoniert solange, bis der Geldtransport kommt. Der hält, die beiden Wachmänner rein in die Bank. Von der Zelle bis zum Geldtransporter sind das keine zehn Meter. Karabük also raus und die Haftladung angebracht. Zwanzig Sekunden. In Deckung gegangen. Vierzig Sekunden. Bulli zündet sie vom Auto aus und springt sofort in Richtung Geldtransporter. Maske drüber und so. Du rein ins Auto, rangefahren, Türen auf. Maximal sechzig Sekunden, nich mal 'ne Minute zusammen.»

«Und der Mann vorne im Geldtransporter, der Fahrer?»

«Der ist garantiert k. o. – die Explosion, Mann! Außerdem hat Bulli 'ne Kanone mit. Also, unterbrich mich nicht! Bulli und Karabük schmeißen die Geldbeutel ins Auto, jumpen selber rein – und dann ab. Ich warte mit dem zweiten Fluchtauto an 'ner Autobahnauffahrt. Wenn alles glattgeht, sind wir in fünf Minuten auf der Autobahn, fünf Minuten nach der Detonation. Und fünf Wochen später kannste auf Jamaica in 'ner Sonne liegen.» Er begann den Schlager *Sun of Jamaica* zu summen. «Queen Babsy.»

«Da hätt ich nichts dagegen. Du, ich glaub, da kommt Karabük.»

«Nee, das ist er nicht.»

«Doch!»

«Nei-en! Du hast ja wohl 'n Knick inner Optik. Wer weiß, wo der Arsch wieder steckt.»

Während Dehn und Babsy auf Karabük warteten, kam Gonschorek in sein Zimmer zurück und warf sich stöhnend in seinen Bürosessel.

«Endlich! Die Fingerabdrücke! Raten Sie mal – von Jonas keine, aber Werner Olischewski und Klaus-Dieter Dehn müssen zumindest in den letzten drei Tagen vor der Tat in Clavis' Wohnung gewesen sein.»

«Und auf der Sektflasche?» fragte Schröder.

«Leider nichts; auf dem Staniolpapier da hat sich nichts nachweisen lassen.»

«Mist! Wollen Sie 'ne Gegenüberstellung machen: die beiden jungen Leute und Dehn und Olischewski?»

«Was meinen Sie denn – mit Ihrer Theorie, mit Ihren Einsen von der Fachhochschule ...?»

Schröder zögerte. «Is noch 'n bißchen früh ...»

«So ist es, mein Sohn! Aber ...» Das schrillende Telefon unterbrach ihn. «Nehmen Sie mal bitte ...»

«Kripo Dornrath, M 1, Schröder.»

Ein freundlich-nervöser Mann. «Hier spricht Dr. Krämer. Ich bin Inhaber der Paracelsus-Apotheke und rufe an wegen des Falles Clavis – ich hoffe, ich bin jetzt richtig verbunden ...»

«Ja, sind Sie», sagte Schröder, «und um was geht es? Waren Sie mit Clavis befreundet?»

«Um Gottes willen – ganz im Gegenteil!» rief Dr. Krämer.

«Und warum, wenn ich fragen darf?» Es klang sehr geschraubt.

«Deswegen rufe ich ja an: Clavis hat mich erpreßt, letztes Jahr im Juni. Eine Straßenecke weiter hat er ein Ladenlokal angemietet, ein leerstehendes Pelzgeschäft, und dann hat er mir gedroht, dort eine Apotheke zu eröffnen – was mich ein Drittel meiner Kunden gekostet hätte.»

«Und da haben Sie gezahlt?» wollte Schröder wissen.

«Zwanzigtausend Mark, was ist mir denn weiter übriggeblieben! Es gibt kein Gesetz, das ihn gehindert hätte. Und zur Polizei gehen – das wäre doch aussichtslos gewesen.»

«Das hat Sie alles mächtig geärgert, klar ...»

Dr. Krämer wurde hellhörig. «Wie meinen Sie denn das?»

«Nun ...» Schröder begann zu schwitzen.

«Ach so!» Dr. Krämer lachte. «Da kann ich Sie beruhigen: ich war zur Tatzeit in Berlin, Werksbesichtigung bei Schering mit anschließendem Essen. Ich wollte Ihnen bloß sagen, daß Clavis sein Geld nicht nur mit Drogenhandel gemacht hat, wie's heute morgen in der Zeitung steht, und anderen Geschäften mit der Unterwelt, sondern daß er auch auf eigene Faust was unternommen hat. Und ich bin sicherlich nicht der einzige Kollege gewesen, den er auf diese Weise angezapft hat ...»

Schröder blieb förmlich. «Das ist ein wertvoller Hinweis, Herr Dr. Krämer, herzlichen Dank auch.»

«Bitte, gern geschehen. Und wenn Sie noch weitere Fragen haben sollten, dann ...»

«... rufen wir Sie an, ja, natürlich.»

«Auf Wiederhören», sagte Dr. Krämer.

«Auf Wiederhören dann!» Schröder legte auf. «Haben Sie alles mitgehört?»

«Ja, sicher, ich bin ja nicht schwerhörig!» Gonschorek warf die altmodische Hörmuschel, die immer bereit lag, auf einen Aktenstapel. «War offenbar ein sehr einfallsreicher Mann, der Herr Clavis. Aber daß einer der verehrten Herren Kollegen ihm deswegen den Schädel eingeschlagen haben sollte, doch nicht für zwanzigtausend Mark, wo die doch alle im Gelde schwimmen.»

«Vielleicht hat er woanders mehr verlangt?» gab Schröder zu bedenken.

«Müßten wir uns mal umhören, aber ...»

Schröder hatte eine weitere Neuigkeit parat. «Wußten Sie eigentlich, daß diese Tanja, die Nachbarin von Clavis, mal Apothekenhelferin bei ihm war, als er noch selber eine hatte?»

«Ja, und ...?» Gonschorek schien irritiert.

«Ich meine nur.»

«Da kann ich Sie nicht dran hindern, aber ...» Wieder unterbrach ihn das Telefon. «Lassen Sie nur, ich geh schon selber ran ...» Er nahm den Hörer hoch. «Gonschorek, ja bitte?» Ein Knacken in der Leitung, ein

Augenblick Stille, dann andere Störgeräusche. «Hallo – ist da jemand, hallo!?!»

Eine Stimme von weither. *«Günaydin,* guten Morgen, guten Tag, Herr Kommissar. Hier ist Tugrul Tavsan – in Deutschland. Sie kennen mich sicher unter dem Namen Karabük. Ich habe mit Klaus-Dieter Dehn Geschäfte gemacht – Drogen, Mädchen, Autos – Sie kennen ihn. Dehn ist alles zuzutrauen, so sagen Ihre Kollegen. Ich bin weit weg von Deutschland, Sie werden mich nie kriegen. Ich bin kein Verbrecher, ich bin nur zu Dehn gegangen, um meinen Bruder zu rächen, Ali. Sie können das nachlesen in den Akten, Dehn und Ali sind zusammen im Knast gewesen. Dehn hat Ali so geschlagen, daß mein Bruder tot war. Nichts ist passiert, die Beamten haben im Protokoll geschrieben: Sturz von Fenster auf Bettkante. Aber das war anders, Dehn ist der Mörder von meinem Bruder. Und ich bin nach Deutschland, um meinen Bruder zu rächen; ich sollte Dehn alle machen, die Familie sagt so. Aber ich bin kein Mörder! Dehn ist Mörder, nicht nur von Ali, sondern auch von diese Apotheker, Clavis. Er hat ihn mit Sektflasche erschlagen. Ich weiß es ganz genau, alle wissen es ganz genau. Er hat uns alles gestanden.»

«Wer sind: alle?» fragte Gonschorek.

«Na, Babsy ist das und Bulli, Bulkowski. Gehen Sie in Restaurant ‹Zur Heißen Ecke›. Besser Dehn zwanzig Jahre im Knast als tot, verstehen Sie?»

«Sie rufen jetzt aus der Türkei an?»

«Geben Sie sich keine Mühe, sagen Sie danke zu mir, weil ich Ihnen viel geholfen habe. Dehn – *ne kadar sürecek.* Wie lange wird es dauern, bis Sie ihn haben? Ich werde es in deutschen Zeitung lesen. *Allah ismarladik* – Auf Wiedersehen! Oder besser nicht!»

Wenn Leute wie Gonschorek sich ihre Wohnung einrichten, dann orientieren sie sich an ihren Kollegen und den letzten Versandhaus-Katalogen; wenn Leute wie Dehn sich ihre Apartments ausstatten, dann tun sie es an Hand von Filmen, in denen die luxuriösen Heime von Großbürgern und Bossen abgelichtet sind. Und so war Dehns Unterkunft eine Mischung von Chefzimmer, Architektenstudio, Hotelbar und Edelpuff. Die beiden Kripoleute bewegten sich in ihr wie in einer Filmkulisse.

Schröder rüttelte an seiner Schublade. «Mist, ich krieg den Schreibtisch nicht auf! Abgeschlossen!»

Gonschorek kam hinzu. «Mein Gott, das haben Sie nun von Ihrer Fachhochschule: kennt die letzten Theorien, kriegt aber keinen Schreibtisch auf! Da nimmt man 'n Brieföffner, drückt die beiden Schubladen hier auseinander – und dann 'ne Büroklammer ... So, bitte sehr!» Schon hatte er die Schublade aufgezogen.

Sofort hatte Schröder ein Blatt in der Hand. «Was is'n das?»

«... 'ne Skizze, was'n sonst – der Augustaplatz, sieht man doch! Was steht da ...?»

«Dornrather Bank, Telefonzelle, Geldtransporter, Fluchtauto 1 ...»

Gonschorek stieß einen kurzen Pfiff aus. «Oha! Das ist ja 'ne nette Überraschung. Dehn scheint ja zu großer Form aufzulaufen: erst den Clavis aus'm Verkehr gezogen, dann 'n Geldtransport. Davon hat uns dieser Karabük gar nichts erzählt.»

«Der hat doch Angst gehabt, wir könnten das Gespräch zurückverfolgen», sagte Schröder.

Gonschorek wühlte in den Sachen herum. «Und was liegt hier – ich glaub, heute fallen Ostern und Weihnachten auf einen Tag ...! Das ist doch die Brieftasche, die wir bei Freund Clavis so lange gesucht haben: Ausweis, Führerschein, Unfallschutzkarte – daß er das noch nicht weggeworfen hat? Muß sich ja ziemlich sicher gewesen sein, der Herr.»

«Hat er offenbar nicht gecheckt, das mit Karabüks Bruder.»

«Wie sollte er auch. Stimmt aber, da war wirklich was, als er seine letzten anderthalb Jahre abgesessen hat, 'n mysteriöser Todesfall; ich hab vorhin mit dem stellvertretenden Anstaltsleiter der JVA drüben gesprochen.»

Schröder sah aus dem Fenster. «Und was nun?»

«Jetzt warten wir auf Dehn, was'n sonst.»

«Vielleicht haben ihn die Typen da in der ‹Heißen Ecke› gewarnt; die werden uns doch erkannt haben.»

Gonschorek strich um Dehns Hausbar herum. «Das schon, aber woher soll'n die'n wissen, daß wir hinter Dehn her sind, ich bin doch da öfter drin und ...» In diesem Augenblick wurde an der Wohnungstür geschlossen. «Da ist er schon!» Er flüsterte nur noch. «Los – wie abgesprochen und richtig sichern.»

Dehn und Babsy betraten die Wohnung.

«Is das 'n Wolkenbruch!» sagte Babsy und suchte nach einem geeigneten Platz für ihren tropfnassen Taschenschirm.

«Besser Wolkenbruch als Schädelbruch», sagte Dehn.

«Ich bin ja völlig durch, Mann. Ich geh erst mal unter die Dusche.»

«Nur mit mir!» Dehns Hand wählte den direkten Weg.

Sie kicherte. «Prinz Charles wär mir lieber.»

«Biste sicher, daß ...» Er stutzte. «Was war'n das, is da nich jemand gewesen ...?»

Sie lauschte. «Wo'n?»

«Inner Küche.»

Gonschorek stieß die Zimmertür auf und trat in die Diele hinaus. «Keine Angst, ich bin's bloß!»

«Bullen!» schrie Babsy.

Gonschorek hatte die Waffe im Anschlag. «Schön ruhig. Schröder, passen Sie auf!»

Dehn versuchte zu grinsen. «Was soll'n der ganze Zirkus, wenn ich mal ...?»

«Mordfall Clavis. Sie stehen in dem dringenden Verdacht ...»

«Scheiße!»

«Dehn – machen Sie keinen Quatsch! Schröder!»

Doch schon hatte Dehn mit blitzschnellem Griff Babsy an sich gerissen und sie als Schild benutzt. In derselben Sekunde hielt auch er seinen Revolver in der Hand. «So billig kriegt ihr mich nicht, ihr nich!»

«Die Waffe weg!» schrie Gonschorek.

«Denkste! Schießt doch, na los! Wenn ihr Babsy trefft, dann ...»

«Laß mich los!» Babsy setzte alle Kräfte ein, um sich aus Dehns Umklammerung zu befreien.

«Du bleibst hier, du dreckige Nutte du, du hast mich doch verpfiffen, oder? Der Hilfssheriff da, der soll da weg von der Tür, aus'm Weg, du Milchreisbubi, los, geh nach Hause – da ...!» Er schleuderte ihm Babsy entgegen. Schröder stürzte zu Boden. Ein Schuß löste sich. Dehn riß die Wohnungstür auf.

«Halt! Stehenbleiben!» brüllte Gonschorek.

Doch Dehn war schneller. Er knallte die Tür hinter sich zu und drehte, während Gonschorek wutschnaubend über die am Boden Liegenden stürzte, von außen den Schlüssel herum.

Schröder rappelte sich als erster wieder auf und rüttelte wie ein Irrer an der Tür. «Der ist weg. Der hat von außen abgeschlossen, der ist weg!»

«Idiot, verdammter!» fluchte Gonschorek.

Dehn war ihnen also durch die Lappen gegangen; und Gonschorek hatte seiner Frau den ganzen Abend über die Ohren vollgeflucht. Nimm mal an, wir hätten ihn erschossen – so seine Philosophie –, dann hätten wir dem Steuerzahler fast 'ne halbe Million gespart, denn jeder Knacki kostet uns im Jahr über 25 000 Mark, und Dehn bekäme als Lebenslänglicher mindestens fünfzehn Jahre. – Am nächsten Morgen, wieder im Dienst, hatte er dann Schröder gegenüber seine Erleichterung bekundet, Dehn nicht niedergeschossen zu haben, denn schließlich sei auch Dehn ein Mensch, dem man eine Chance geben müsse.

Da die Taube fortgeflogen war, hatten sie sich den in ihrer Hand befindlichen Spatzen vorgeknöpft, einen attraktiven allerdings: Babsy, bürgerlich Barbara Bolzmann, 32, unverheiratet, ein Kind, heimmäßig untergebracht.

«Willste noch 'ne Tasse Kaffee?» fragte Gonschorek.

«Nee, danke, ich will nach Hause.»

«Du bist dir doch klar darüber, daß wir deine Wohnung überwachen werden.»

«Na und?»

Gonschorek wußte nicht so recht, wo er hingucken sollte. «Mir kannste doch nichts vormachen, mir ist doch längst klar, daß du dich darüber freust: Vielleicht ist Dehn doch scharf darauf, dir mal 'n bißchen den Puls zu fühlen. Irgendeiner muß ihn ja verpfiffen haben.»

Babsy schlug die Beine übereinander. «Was heißt hier verpfeifen! Der hat doch nie was mit dem Clavis da zu tun gehabt, der hat den Typ nie gesehen.»

Schröder entschloß sich einzugreifen. «Dehn ist aber von Hausbewohnern gesehen worden, wie er Clavis besucht hat, und bei Clavis in der Wohnung sind Fingerabdrücke von Dehn gefunden worden.»

«Was erzählen Sie'n mir das?» fragte Babsy.

«Sie waren doch mit Dehn befreundet?» forschte Schröder.

«Meinen Sie, der hat mir alles auf die Nase gebunden, der doch nicht!»

Gonschorek hakte sofort ein. «Immerhin wollte er dich mitmachen lassen, da bei der Sache mit'm Geldtransport.»

«Welcher Geldtransport?»

«Kennste die Skizze hier?» Gonschorek fischte Dehns kunstvollen Einsatzplan aus der Schublade.

Babsy gähnte ostentativ. «Wat geht mich die Skizze da an! Mir gehört die *Pension Yvonne* hinten in der Krefelder Straße, und Dehn steckt da mit dreißig Prozent mit drin. Mehr is da nich zwischen uns.»

Gonschorek spielte auf den Augenblick an, als sie zusammen mit Dehn dessen Wohnung betreten hatte. «Und dann zusammen unter die Dusche, wie?»

«Das hat er doch bloß so gesagt.»

«Ich kann ja verstehen: Sie haben jetzt Angst vor Dehn ...» Schröder wollte ihr eine Brücke bauen.

«Eher der vor mir», sagte sie dagegen.

«Ja, weil du genau weißt, daß er Clavis mit 'ner Sektflasche erschlagen hat und daß das Alibi, das du ihm gegeben hast, falsch ist.» Gonschorek blieb hartnäckig.

«Von sieben bis halb neun abends, da war er bei mir», wiederholte sie.

«Im Bett, ja!» lachte Gonschorek.

«Klar, im Bett!» bestätigte sie ungerührt.

«Ach nee, ich denke, ihr habt nur geschäftlich was miteinander?» Gonschorek feixte.

Nun kam sie doch ein wenig aus dem Takt. «Wie ...?»

«Hast du uns doch eben selber erzählt.»

Jetzt erst lachte sie schallend. «Sie glauben doch nicht etwa, daß der's bei mir umsonst hätte!»

Gonschorek nickte anerkennend. «Clever bist du schon, alles was recht ist. Aber vielleicht für Dehn doch nicht clever genug. Wenn du jetzt nicht singen willst, dann kann das zwei Gründe haben: entweder du willst ihn schützen – oder du hast Angst vor ihm. Und Angst vor ihm hast du nicht, haben wir ja eben von dir selbst gehört, also muß es Liebe sein.»

Babsy suchte nach einer Zigarette. «Wie soll ich einen verpfeifen können, wenn der gar nichts auf'm Konto hat?»

«Komm, hör auf! Wenn du Angst hast, könnten wir dich schon für 'n Weilchen untertauchen lassen, so hochkarätig wie der Dehn inzwischen geworden ist, da geht das schon mal.»

«Die Tricks kenn ich!»

«Und wenn's Liebe sein sollte –» Gonschorek ließ nicht locker – «scheint mir das aber ziemlich einseitig zu sein. Hat er dich nun als Kugelfang benutzt oder nicht, hast du 'ne gebrochene Hand oder nicht?»

«Ist doch meine Sache – oder?»

Schröder unternahm einen neuen Anlauf. «Und warum ist er denn geflüchtet, wenn er Clavis nicht auf' m Gewissen hat?»

«Weil er immer in Panik gerät, wenn er Bullen sieht, weil er immer automatisch 'n Schock kriegt, darum! Was ihr ihm schon alles in die Schuhe geschoben habt, Mann! Da würde jeder türmen!»

Gonschorek ging und hielt ihr die Tür auf. «Okay, Babsylein, dann geh man fein nach Hause. Und hier hast du meine Telefonnummer – falls du vorher noch zum Anrufen kommst ...»

Inzwischen waren einige hundert Kunden in Wiechmanns Apotheke zu ihrer vollsten Zufriedenheit bedient worden. Man ahnte nichts, man spürte nichts, man erfreute sich an Wiechmanns einfühlsamer Art, wenn er etwa junge Mütter fragte: «Was füttern Sie denn, Frau ...?» und ihnen die nützlichsten Hinweise zur optimalen Ernährung ihrer kleinen Lieblinge gab. Wenn er müde war und seine Gesichtszüge nicht mehr so recht unter Kontrolle hatte, verzog er sich nach hinten und ließ seine Frau bedienen.

An diesem Vormittag war sie gänzlich allein und hatte den Kollegen Krämer am Apparat.

«Tag, Herr Dr. Krämer! Wie geht's?»

«Danke, danke – und selbst?»

«In etwa ebenso.»

«Verzeihen Sie bitte die Störung, aber ich rufe Ihres Mannes wegen an: Heute wollten sich doch alle Kollegen bei mir zu Hause treffen – der Deutsche Apothekertag steht vor der Tür, Sie wissen doch ...»

«Mein Mann?» Sie stutzte. «Der ist doch schon vor 'ner guten halben Stunde losgefahren, der müßte doch schon längst bei Ihnen sein ...»

«Und er wollte ganz sicher kommen?» wollte sich Dr. Krämer vergewissern.

«Aber ja.»

«Versteh ich nicht! – Ah, Momentchen mal, da kommt gerade der Kollege von der ... Augenblick bitte ...»

Es entstand eine sekundenlange Pause, in der sie nur das übliche Knacken und Rauschen hörte. «Hallo ...? Hallo ...?» Erneute Pause.

Da war der Kollege wieder. «Frau Wiechmann, sind Sie noch ...?»

«Ja, sicher! Was ist denn ...?!» rief sie.

«... es ist was Schreckliches passiert. Ich höre gerade, daß Ihr Mann ... Es tut mir aufrichtig leid ...»

Die Sterne schienen für Bulli und Babsy recht günstig zu stehen, trauten sie dem Tages–Horoskop: *Ein Freund macht Ihnen Freude. Er zeigt offen, daß er unbeirrbar an Ihrer Seite steht. Das macht Eindruck.*

Doch was kümmert sich der Kosmos mit seinen Abermilliarden von Sonnen um Bulli und Babsy, das überläßt er den Herren Gonschorek und Schröder. Die waren gerade dabei, Babsys Pension (*Die gemütliche Intimbar mit den zivilen Preisen. Es warten Tina, Sylvia, Lydia, Biggy, Ilona und Rosi bei der Verlosung einer Gratismassage auf Sie!*) nach Dehn abzusuchen, ohne daß die Chefin davon wußte – sie hatte sich zu eben dieser Stunde mit Bulli im Bahnhofsrestaurant verabredet.

«Hallo, Babsy!» rief Bulli, als er sie entdeckte.

«Hallo, Bully», sagte Babsy.

«Sitzte alleine hier?»

«Siehste noch jemanden?»

«Ich hab vorhin mit ihm gesprochen», flüsterte Bulli.

«Wo steckt er denn?»

«Bei 'nem alten Kumpel.»

«Und?» Babsy kippte ihren Klaren.

«Wenn du singst, gehste gleich ab ins Feuerloch – sagt er.»

«Haha! Weiß er denn, daß Karabük spurlos verschwunden ist?»

Bulli zeigte ihr 'nen Vogel. «Meinste, er hat's Lesen verlernt, steht doch überall drin. Und was sie alles bei ihm inner Wohnung gefunden haben.»

Babsy sah sich um. «Wohin will er denn abtauchen? Oder isser schon ab nach ...»

«Pst! Du hast wohl nich mehr alle!»

«Man, ich sprech doch leise genug!»

«Man kann nie wissen.» Bulli griff sich die Speisekarte und suchte nach einem Pfeffersteak.

«Hat er denn schon die Sachen aus'm Versteck geholt? Ohne Geld und ohne Papiere, da kommt er doch nicht weit.» Babsy hatte sich zu ihm hinübergebeugt.

«Kann er doch nicht, da wo wir's vergraben haben, da ist doch gerade NATO-Manöver, bis morgen mittag. Der ganze Wald voll von Soldaten und so.» Bulli winkte nach dem Ober.

«Scheiße!»

«Du sagst es! Bloß gut, daß der Karabük keinen blassen Schimmer vom Versteck hatte!»

Babsy pustete die Zigarettenasche vom Tischtuch. «Hätt er sich doch gleich denken können, daß dieser Kanake mal 'ne Annonce aufgibt. Is er ja wohl doch nicht der Größte.»

«Die Haftladung für den Geldtransporter, die Karabük besorgen sollte, die klebt er ihm eigenhändig an'n Arsch, sagt er.»

«Der halbe Hahn der!» sagte Babsy.

«Tritt mal 'n bißchen auf de Bremse, sonst ...!»

«Nu mach mal nich schon auf neuen Boss!»

Bulli wurde energisch. «Wenn Dehn einfährt, dann fahren wir alle ein, logo! Also hältste die Schnauze. Karabük sitzt wieder in Anatolien oder sonstwo am Arsch der Welt, und wenn Vito jetzt die Kurve kratzen kann, dann ... Was soll schon groß passieren? – Ober, zwei Bier, zwei Korn, ein Pfeffersteak!»

Dehns Horoskop für diesen Tag war noch erfreulicher: *Sie fühlen sich wie von der Außenwelt abgeschnitten. Aber dieser Zustand wird bald von reger Geselligkeit abgelöst. Handeln Sie jetzt.*

Es war kurz nach 23 Uhr, als er mit Bulli durch den regennassen Mischwald lief. Sie kamen nur mühsam voran.

«Mann, das is ja wie im Dschungel hier!» Er fluchte anhaltend. «Scheiße, ich hab genau 'n Zweig ins Auge gekriegt. Wenn der Mond wenigstens 'n bißchen vorkommen würde.»

«Mach doch die Taschenlampe an», riet Bulli.

«Du hast wohl nich mehr alle!»

«Da is keiner hinter uns her, hundertprozentig!» sagte Bulli, der sein Metier durchaus verstand.

«Trotzdem.»

Bulli redete und redete. «Außer uns beiden weiß doch keiner, daß wir die beiden Koffer hier versteckt haben, Babsy auch nicht so genau, und Karabük erst recht nicht, der hat doch noch hinten in der Türkei gehockt, als wir 1978, bei der Dornrather Bank abkassiert haben.»

«Dieses Schwein, wenn ich den jemals zwischen die Finger kriege, dann ...!» Dehn riß einen trockenen Ast von einer jungen Birke und zerbrach ihn.

Bulli blieb stehen. «Stop, hier muß es gewesen sein.»

Dehn ließ sein Feuerzeug aufflammen. «Quatsch, weiter links an der andern Buche – oder siehste hier die beiden Kreuze inner Rinde?»

«Ach so, ja.» Sie gingen weiter. «Biste wirklich sicher, daß Karabük ...?»

«... sicher, du Idi, steht doch in jeder Zeitung drin, daß der bei den Bullen angerufen hat. Haste das gelesen, was die in Amerika gemacht haben, als die da Bambule hatten, in Santa Fé? Die haben ihren Spitzeln mit Schneidbrennern die Augen ausgebrannt. Nu weißte ja, was ich mit Karabük mache, wenn ich den erwische – und ich erwisch den, da kannste getrost einen drauf lassen!»

«Willste denn gleich in die Türkei, wenn de die neuen Papiere hast?»

«Wieviel Pässe haben wir denn in den Koffern drin?»

«Zweie. Einen österreichischen und einen argentinischen.»

Dehn lachte. «Wo ich so fließend Spanisch spreche, haha!»

«Dann biste eben Hans Hinterleitner aus Innsbruck.»

«Da war ich wenigstens schon mal. Und wenn ich genügend Knete habe, fünfzigtausend ...» Dehn wäre fast ins Schwärmen geraten.

«Bis sich der Rauch hier verzogen hat, biste aus'm Schneider», sagte Bulli.

«So, jetzt kannste leuchten», befahl Dehn.

«Du hast doch die Taschenlampe.»

«Ach so.» Dehn knipste sie an. «Siehste die beiden Kreuze hier oben, das is unsere Buche. Dann mal los!»

Bulli zog einen kleinen Spaten unter seinem Parka hervor. «Hier an der Wurzel – oder?»

«... 'n paar Zentimeter nach rechts – da ja.»

Bulli begann zu schippen. «Und unser Anteil, Babsys und meiner?»

«Bleibt erst mal drin hier.»

«Okay. Wo willste denn nun hin?»

«Weiß ich noch nicht.»

Bulli machte die erste kleine Pause. «Und wer soll deinen Anwalt bezahlen?»

«Der kriegt erst was, wenn er mich rausgehauen hat, vorher kriegt der keine müde Mark zu sehen.»

«Der wird sich ganz schön abstrampeln müssen. Weißte noch, was Gonschorek 's letzte Mal zu dir gesagt hat?»

«Sicher, denkste denn, ich bin bekloppt?»

Bulli bemühte sich, Gonschoreks Tonfall zu treffen. «Bevor Sie nicht lebenslänglich kriegen und Sicherheitsverwahrung dazu, mein lieber Dehn, da hab ich keinen ruhigen Tag mehr.»

«Vielleicht hat er bald mehr Ruhe, als ihm lieb ist», sagte Dehn.

Bullis Spaten glitt ins Leere. «Hier ist kein Koffer mehr!»

«Weiter nach rechts, du Idiot!»

Endlich stieß Bulli auf etwas Hartes. «Ah, hier, ich hab ihn!»

«Kipp mir nicht den ganzen Sand auf die Hosen!» schimpfte Dehn.

«Haste keine anderen mit, wenn de fliegen willst?» lachte Bulli, während er den ersten Koffer aus dem etwas lehmigen Erdreich zu ziehen suchte.

«Wer sagt denn, daß ich fliegen will?»

Bulli kniete sich hin und zerrte an dem Koffer. «Hier, nimm mal, damit ich an den andern rankomme.»

«Den laß doch noch drin, das is doch euer . . .»

Plötzlich, wie eine Explosion, Gonschoreks Stimme.

«Scheinwerfer an! Dehn, Bulkowski – Hände hoch! Hier ist alles umstellt. Dehn – Mensch!»

Zwei, drei Schüsse.

Warum das alles, warum? Wir wissen es, doch nichts scheint sich zu ändern. Alle unsere Antworten werden zu falsch gestellten Fragen erklärt, Wahrheiten werden hinwegdifferenziert. Die Freude an Dehns Schicksal ist die Freude an der eigenen Bankrotterklärung.

Doch alles, was man Christian Wiechmann an Negativem auch nachsagen mochte, dies nicht, daß ihn Dehn völlig gleichgültig gelassen hätte.

Das Fernsehprogramm war zu Ende gegangen. Vera drückte auf die AUS-Taste, wandte sich wieder ihrem Manne zu.

«Hier, Christian, ich hab dir noch 'ne Tablette von vorne geholt.»

«Ich werd nie mehr richtig schlafen können», sagte er.

«Komm, reiß dich zusammen.»

Wiechmann taumelte zum Fenster, starrte in die Dunkelheit hinaus. «Wir müssen raus hier, ich kann keine Apotheke mehr sehen. Jedesmal, wenn ich in eine reinkomme, dann seh ich Clavis vor mir.»

Vera goß sich Edelzwicker nach. «Der hat genau das gekriegt, was er verdient hat. Mit Heroin hat er gehandelt. Weißt du denn, wieviel Menschen der dadurch auf'm Gewissen hat? Dutzende vielleicht. Und wenn er weitergemacht hätte, immer größer eingestiegen wär? Das is'n Segen, daß es so gekommen ist.»

Wiechmann fuhr herum. «Es war 'n Mord, und laß mich jetzt endlich zur Polizei, ich kann so nich leben!»

«Meinst du, im Knast kannst du besser leben?» fragte sie.

«Nein – darum bin ich ja auch gegen 'n Baum gefahren!»

«Sicher – und was meinst du, was ich für Mühe gehabt habe, daß die andern keinen Verdacht geschöpft haben – Dr. Krämer und die andern Kollegen, die Clavis auch erpreßt hat.»

Er lachte viel zu laut, viel zu schrill. «Meinst du, die ahnen das nicht?»

«Und wenn?» Sie setzte ihr Glas ab, kaute den Wein nach. «Die rennen doch nie im Leben zur Polizei. Erst mal sind sie tief im Innern froh, daß es so gekommen ist, und außerdem – auf solchen lächerlichen Verdacht hin 'n Kollegen anzeigen ... Damit wären die doch hier gestorben, ein für allemal. Von daher haben wir nun wirklich nichts zu befürchten.»

Er blieb neben ihrem Sessel stehen. «Und du – du kannst mit 'nem Mörder zusammenleben, fünfundzwanzig Jahre vielleicht noch!»

«Was heißt hier Mörder? Ein Polizist, der einen Gangster erschießt, der ist doch auch kein Mörder, und ein Soldat, der 'ne Bombe abwirft und 'ne ganze Straße in Schutt und Asche legt, der kriegt noch 'n Orden dafür. Ich kann ohne dich nicht weiterleben, und die Kinder erst recht nicht. Ich und die drei Kinder allein; Stefan ist noch nicht mal in der Schule ...»

Wiechmann suchte sein zuckendes Augenlid zu beruhigen. «Wenn die das erfahren, dann ...»

«Erfahren sie aber nicht. Und wenn: es war Notwehr. Er hat dich ja erpressen wollen, er hat ja deine Existenz vernichten wollen!»

Wiechmann ging zum Bücherregal, fand die Bibel und begann zu blättern: «Hier ... Hier, 2. Buch Mose, 21/12: *Wer einen Menschen schlägt, daß er stirbt, der soll des Todes sterben.*»

«Und?» sagte sie ungerührt. «Du hast doch versucht, zu sterben, oder? Und was ist passiert? Fünf Minuten Bewußtlosigkeit und 'ne leichte Gehirnerschütterung, das war alles. Das ist ja nun das Feigste: Selbstmord! Leben bleiben und sehen, daß man anderen hilft, das ist das Entscheidende. Steht das nicht auch in der Bibel drin? Ich hab seit der Konfirmation keine mehr in der Hand gehabt, aber warte mal ...» Sie nahm ihm die Bibel aus der Hand. «Hier, im Lukas-Evangelium ... *Also auch, sage ich euch, wird Freude sein vor den Engeln Gottes über einen Sünder, der Buße tut.*»

«Und wie?»

«Na sicher nicht im Knast. Hier bei uns gibt's ja nun wahrlich genug arme Teufel, denen man helfen kann: Alte, psychisch Kranke, Behinderte, Drogenabhängige, Arbeitslose, Haftentlassene ... Da gibt's genug Gruppen, in denen du mitarbeiten kannst – dienstags beispielsweise, wenn du sonst kegeln gehst, oder donnerstags, wenn du bei Dr. Krämer immer Skat spielst. Und wenn du mal nicht verreist und dir kein neues Auto kaufst – da käme fürs Rote Kreuz ganz schön was zusammen. Das ist der einzig richtige Weg – aber nicht mit'm Auto gegen 'n Baum fahren oder sich freiwillig ins Gefängnis begeben, völlig unnötigerweise. Da hast du doch auch nicht die geringste Chance, irgendwie etwas gutzumachen, da stirbst du bloß selber – und da hat doch nun ganz gewiß keiner was von. Clavis nicht, der ist ohnehin tot, wir nicht, deine Familie, wir müssen hier wegziehen, weil sie alle mit Fingern auf uns zeigen werden, und die andern, denen du helfen könntest, die haben erst recht nichts von, wenn du deine zehn Jahre da absitzen mußt.»

Wiechmann wanderte durchs Zimmer. «Und wenn sie's nun doch noch herausbekommen, daß ich es war – da ist es doch immer besser, man stellt sich selber. Der junge Mann da hat mich doch gesehen.»

«Gesehen ja, aber nicht erkannt.»

«Heute, wo sie mit wissenschaftlichen Methoden arbeiten und alles aufklären, da ...»

Sie stand auf und nahm ihn in die Arme. «Nun schluck deine Tablette und schlaf endlich, verdammt noch mal!»

Dehn in der Vernehmungsmaschinerie.

Drohten die Gespräche eben noch langsam zu versickern – zu groß war ihre Müdigkeit –, so kam plötzlich wieder Leben in die Bude.

Gonschorek lachte schallend und schlug mit der flachen Hand auf die Schreibtischplatte, daß die Untertassen und Löffel wild umhertanzten.

«Mensch, Dehn, das is ja nun die dümmste Ausrede, die ich je gehört habe!»

«Das ist die Wahrheit», sagte Dehn.

Gonschorek lachte ihn aus. «Wenn das die Wahrheit ist, dann denk dir lieber 'ne neue Lüge aus: besser 'ne überzeugende Lüge als 'ne lächerliche Wahrheit.»

Schröder nahm den Faden wieder auf. «Nun erzählen Sie noch mal ganz ruhig, wie es Ihrer Meinung nach gewesen ist, gewesen sein soll ...»

«Ich hab Clavis nicht erschlagen!» wiederholte Dehn.

Gonschorek fuhr ihn an. «Du bestreitest aber nicht, zur Tatzeit bei ihm in der Wohnung gewesen zu sein ...?!»

«Nicht zur Tatzeit, nicht um zehn nach halb acht!» beharrte Dehn.

«Unsere beiden Zeugen haben dich aber um 19 Uhr 40 gesehen», behauptete Gonschorek.

«Können sie doch gar nicht, viertel nach sieben bin ich doch wieder weg von Clavis, 19 Uhr 15, oder 'n paar Minuten früher oder später ...»

Gonschorek ließ ihm keine Zeit zum Atemholen. «Aber in der ‹Heißen Ecke› bei deinen Leuten, da bist du nachweislich erst gegen acht aufgetaucht, 'ne Dreiviertelstunde später – oder?»

«Schon, aber ...» Dehn wand sich.

Schröder wollte ihm zur Hilfe kommen. «Haben Sie denn keinen Zeugen dafür, daß Sie in dieser Zeit ... niemanden, den Sie da getroffen haben?»

Dehn dachte einen Augenblick nach. «Nein, ich bin durch'n Schillerpark durch, war ja auch schon ziemlich dunkel.»

«Von Clavis' Wohnung zur ‹Heißen Ecke› brauchst du normalerweise knappe zehn Minuten», sagte Gonschorek, «ich hab's heute morgen selber ausprobiert.»

Dehn trank seinen kalt gewordenen Kaffee aus. «Ich bin doch kein Hellseher – wie sollt ich denn ahnen, daß 'n paar Minuten nach mir einer kommt und dem Clavis die Sektflasche übern Kopf haut?»

«Und Ihre Geschäfte mit Clavis, waren das denn große Sachen – oder ...?» Schröder sah von seinem Notizblock auf.

Dehn winkte ab. «Ach, Clavis, das war doch nichts weiter als 'n großer Eddel.»

«Ein was?»

«Ein Trottel, ein Simpel», sagte Gonschorek.

«Genau. Mit dem Geschäfte machen – nee, Herr Kommissar!»

Gonschorek spielte mit der Nummernscheibe seines Telefons, ließ sie, bei aufgelegtem Hörer, wieder und wieder schnurren. «Du kannst mir doch nichts vormachen, Dehn: LSD hat er für euch zusammengebraut, gefälschte Rezepte hat er eingelöst, damals als er noch selber 'ne Apotheke hatte, euer Heroin hat er 'n bißchen gestreckt, nach Marokko und Kingston ist er für euch gefahren, neuen Stoff aufzutreiben – und was da noch alles so war. Is das etwa nichts?»

«Wie man's nimmt», sagte Dehn.

«Vielleicht hast du recht», fuhr Gonschorek fort, «vielleicht war's wirklich 'n bißchen wenig – für Clavis, mein ich, der mit seinem gewaltigen Geldbedarf: seine Spielschulden, das halbe Jahr über auf Ibiza oder auf den Bahamas. Und da hat er dich also erpressen wollen: Vergiß die

Schulden, die ich bei dir hab, und spuck 'n paar Tausender aus, sonst geh ich zum nächsten Polizeirevier und zeig euch an. So war's doch, Dehn, erpreßt hat er dich – oder!?»

Dehn duckte sich nicht. «Wer sagt'n das, war einer bei?»

Gonschorek grinste. «Hast du doch selber erzählt: Babsy hat es gehört, Bulli hat es gehört, Karabük hat es gehört.»

«Bulli und Babsy – haha!»

Gonschorek schüttelte den Kopf. «Mensch, Dehn, nun kenn'n wir uns schon zehn Jahre lang und mehr: du weißt doch, mit solchen Tricks, da hab ich noch nie gearbeitet. Wir können gerne 'ne Gegenüberstellung arrangieren. Glaub mir: die haben gesungen – beide!»

Schröder unterstützte ihn. «Unter Garantie, ich schwör's Ihnen.»

«Klar: Die Ratten verlassen das sinkende Schiff», fügte Gonschorek hinzu.

Dehn sprang auf. «Ich weiß ja, daß ihr mich fertigmachen wollt, seit Jahren wollt ihr das doch schon, mich aus'm Verkehr ziehen: aber verdammt nochmal, ich hab diesen Idioten von Clavis nicht alle gemacht!»

Gonschorek ließ ihn nicht aus den Augen. «Du warst aber bei ihm und hast mit ihm gekämpft – oder?»

«Was heißt hier gekämpft ...?»

«Das heißt erstens, daß wir auf deinem Anzug Blut gefunden haben, das ohne jeden Zweifel von Clavis stammt, und das heißt zweitens, daß wir bei Clavis unter den Fingernägeln, unter den Nägeln der rechten Hand, Fasern gefunden haben, die wiederum zu deinem Anzug gehören ...»

Dehn hatte sehr schnell eine Erklärung parat. «Sicher, es gab so was wie'n Handgemenge, er ging auf mich los, als ich seine Brieftasche vom Schreibtisch weggenommen habe – ich wollte schließlich mein Geld wiederhaben.»

Gonschorek stieß nach. «Clavis ist also auf dich los – und du die Sektflasche vom Schreibtisch genommen ...?»

Da schrie Dehn ihn von neuem an. «Ich hab die nie angefaßt!»

Gonschorek winkte ab. «Okay, okay ...»

Schröder war wieder am Zuge. «Ja, aber warum haben Sie denn nachher überall rumposaunt, Sie hätten Clavis erschlagen?»

«Überall ja nun nicht», schränkte Dehn ein, «bloß bei mir in der ‹Heißen Ecke›, im Billardzimmer, nächsten Morgen. Da hatte ich's in der Zeitung gelesen.»

«Als Gag so ...?» Schröder sah in fragend an.

«Nee, nich als Gag – um meine Leute wieder auf Vordermann zu bringen, um denen Angst zu machen: Babsy, Bulli, Karabük. Die wollten doch alle aussteigen, weil in der letzten Zeit nichts mehr gelaufen ist.»

«Was'n zum Beispiel?» wollte Gonschorek wissen.

«Na, einiges ...»

Schröder mußte ein wenig nachhelfen. «Nun müssen Sie schon konkreter werden, schließlich geht's um lebenslänglich.»

Und Dehn packte aus. «Die Villa da im Erlengrund, Dr. Beilschmidt, die Gemäldesammlung. Wir rein da, und als wir die wertvollsten Stücke verkaufen wollten: alles nur Kopien!»

«Und da haben Ihre Leute Sie nicht mehr akzeptieren wollen?» fragte Schröder.

«Ja, ebent!»

Gonschorek lachte nur. «Das ist doch Quatsch, wo jeder weiß, wie du zuschlagen kannst – oder? Wie war'n das mit Karabüks Bruder? Als der dich im Knast verpfiffen hatte, war er drei Tage später 'ne Leiche.»

«Das war 'n Unfall, steht doch überall drin, daß es 'n Unfall war.»

«Schöner Unfall. Wie bei Clavis, was ...?»

«Karabük lügt doch, der will sich doch bloß rächen», sagte Dehn.

Auch das nahm ihm Gonschorek nicht ab. «Und Babsy und Bulli – lügen die auch? Wofür wollen die sich denn rächen?»

«Die Schnalle, die!»

Schröder nahm den Faden wieder auf. «Nochmal: Sie wollten also weiterhin den Boss spielen, den starken Mann – und Ihre Truppe hat gemeutert?»

«Sag ich doch andauernd!»

«Und die mußten Sie immer Vito nennen, und Sie haben sich dauernd auf Ihrem Video-Recorder den *Paten* angesehen, den Don Corleone, Don Vito Corleone ...?»

Dehn schien nicht so recht zu wissen, worauf das hinaussollte. «Na und?»

«Mensch, ich will Ihnen doch nur helfen», sagte Schröder, «merken Sie'n das nicht? Plötzlich laufen Ihnen also die Leute weg, und da sagen Sie: wer mich verrät, dem wird's so wie dem Clavis gehen ...»

«Ja, genau so.» Dehn entspannte sich etwas.

«Das klingt irgendwie logisch, zugegeben», sagte Schröder.

Doch Gonschorek spielte nicht mit. «Logisch, daß ich nicht lache!

Und warum hast du die nicht einfach abhauen lassen und dir neue gesucht?»

Schröder war weiterhin bemüht, Dehn goldene Brücken zu bauen. «Ja – warum? Aus Angst, daß die ausgepackt hätten? Aber damit hätten die sich doch nur selber reingeritten, das wär doch äußerst unwahrscheinlich gewesen.»

Dehn nahm die angebotene Zigarette. «Warum ... Weil ich die noch gebraucht hab! Babsy mit ihrer Pension, das war die einzig sichere Einnahmequelle. Und Bulli mit der ‹Heißen Ecke›. Außerdem gibt's keinen hier inner Gegend, der besser is, wenn's mal um'n Bruch geht, der bringt noch echt was. Und Karabük, der hatte Kontakte zu den großen Dealern, und der sollte auch noch die Haftladung besorgen.»

«Welche Haftladung?» fragte Schröder.

«Habt ihr mir doch vorhin selber unter die Nase gehalten: der Überfall auf den Geldtransporter. Drei Millionen! Das war's doch, warum ich die alle noch gebraucht hab. War doch schon alles geplant, bis ins letzte.»

Schröder legte seinen Kugelschreiber hin und sah Gonschorek an. «Ich weiß nicht, aber ich finde das irgendwie überzeugend, was Dehn da vorbringt ...»

«Der ist schon gut», sagte Gonschorek, «sicher. Das ist ja auch mindestens seine fünfundzwanzigste Vernehmung. Der arme Unschuldsengel! Fragt sich nur, warum er zweimal abgehauen ist – oder wenigstens abhauen wollte, obwohl ihm beide Male die Kugeln nur so um die Ohren geflogen sind?»

Dehn war nie überzeugender als in diesem Augenblick. «Weil mir ja doch keiner glaubt, weil ich 'n Fehler gemacht habe, so was Idiotisches! Das mit Clavis, erzähl ich denen das – und die glauben das auch! Aber in dem Augenblick, was sollt ich denn da machen? Alle gegen mich, alle wollen weg; alles wär doch aufgeflogen. Zehn Jahre hatte ich dafür gebraucht, x-mal im Knast, x-mal dem Tod gerade noch vonner Schippe gehopst. Endlich bin ich wer – und da soll plötzlich alles aus sein. Beschimpfen die mich, ich wär 'n Versager und so. Und in dem Augenblick seh ich die Zeitung da auf'm Stuhl liegen und les das von Clavis, daß sie den erschlagen haben. Da hab ich eben gesagt, ich hätten kalt gemacht – das war doch die letzte Rettung für mich. Und die haben ja auch sofort wieder gekuscht. Verstehen Sie doch mal! Das war doch meine einzige Chance noch. Ich hab doch nich ahnen können, daß der Karabük, dieses Schwein, nur mitgemischt hat, um mich in die Pfanne zu hauen. Sein Bruder! Der hieß doch ganz anders, wie sollt ich denn wissen, daß das damals im Knast sein Bruder gewesen war – wie denn?»

Gonschorek kniff die Augen zusammen. «Karabük, ja. Weißt du eigentlich, daß er nochmal bei uns angerufen hat, zweimal also. Nur um uns mitzuteilen, wo ihr eure beiden Koffer mit dem Geld und mit den Pässen vergraben habt. Das hatte er auch mitgekriegt ...»

«Den bring ich um, vor Ihren Augen bring ich den um!» schrie Dehn.

Gonschorek feixte. «Genauso wie Clavis, nich wahr ...?»

Dehn flippte plötzlich aus; Gonschorek, Schröder und zwei schnell hinzuspringende Beamte hatten kaum die Kraft, ihn zu bändigen. «Den Clavis hab ich nich umgebracht, das könnt ihr mir nicht anhängen! Ihr wollt mich bloß abservieren, aber das schafft ihr nicht, Scheißbullen ihr!»

«Abführen! Ab in die Zelle!»

Gonschorek und Schröder hatten sich den Luxus erlaubt, heute mal nicht in der Kantine, sondern beim Jugoslawen zu essen. Ungewohnt satt nach dem Grillteller hingen sie nun auf ihren Stühlen, fast schon zu müde, um Zeitung zu lesen. Doch plötzlich knisterte es wieder zwischen ihnen.

Schröder hatte angefangen. «Mann, wenn man die Zeitungen liest, dann ist das alles ja sonnenklar, und Dehn hat keine Chance mehr.»

Gonschorek stocherte mit einem abgebrochenen Streichholz zwischen seinen Backenzähnen herum. «Sie sollen die Ermittlungen führen und nicht seinen Verteidiger spielen, dazu sind ganz andere da.»

«Ich hab so'n ungutes Gefühl dabei ...» Schröder faltete seine Zeitung zusammen und steckte sie ein.

Gonschorek schnalzte spöttisch mit der Zunge. «T-z-z-t! Da legt der Mensch immer so großen Wert auf seine wissenschaftliche Ausbildung – und jetzt läßt er sich von seinen Gefühlen leiten.»

«Versetzen Sie sich doch mal in Dehns Lage ...» sagte Schröder.

Gonschorek lachte. «Das grenzt ja an Beamtenbeleidigung.»

«Da hätten Sie doch genauso gehandelt: Versucht, die Gruppe einzuschüchtern und wieder zusammenzuschweißen. Durch Angst. Wer abspringt, dem geht's genauso wie Clavis.»

Gonschorek hatte den störenden Fleischrest gefunden. «Mein lieber Schröder, merken Sie denn nicht, daß sich da die Katze in den Schwanz beißt: Clavis war doch der erste, der abspringen wollte, der seinen Chef erpreßt hat und verraten wollte. Gerade deswegen. Verhindern, daß der erste Dominostein umfällt, ihn lieber aus'm Spiel nehmen, bevor er die anderen umschmeißen kann.»

«Ich weiß nicht: Dehn mag man ja alles mögliche zutrauen, aber 'n Mord – nein ...»

Gonschorek griff sich einen prallgefüllten Leitz-Ordner. «Sehen Sie doch mal in die Akten hinein, da ist doch bei Dehn 'ne ganz logische Entwicklung erkennbar: Mit 12 Jahren, 3 Monaten zum erstenmal auffällig. Mit drei anderen Jungen einen dreiundachtzigjährigen Mann auf der Straße verfolgt. ‹Sie beschimpften ihn, rissen ihm den Hut vom Kopf und bewarfen ihn mit Steinen, wobei sie ihn verletzten.› Körperverletzung nach § 223 Strafgesetzbuch. Fünf Monate später schwerer Diebstahl und Sachbeschädigung. In den nächsten zwei Jahren laufend Körperverletzung, Sachbeschädigung, Diebstahl. Sechs Kinder zu Hause, vier davon auffällig geworden, der älteste Bruder mehrmals wegen Diebstahls im Gefängnis. Aufgewachsen bei der Stiefmutter. Mopeddiebstähle, Freizeitarreste. Einbrüche in Jugendwohnheime und Kindergärten, Kaufhausdiebstähle – die ersten Jugendstrafen. Dann, als er volljährig war, die dicken Dinger: Widerstand gegen Vollstrekkungsbeamte, Förderung der Prostitution (Paragraph 180a), Zuhälterei (181a), Gefährliche Körperverletzung, Nötigung, Diebstahl mit Waffen und Bandendiebstahl (244), schwerer Raub, gewerbsmäßige Hehlerei (260) – Nicht schlecht, was?»

Schröder widersprach ihm. «Aber das beweist doch überhaupt nicht, daß er Clavis ...»

Gonschorek ließ sich nicht beirren. «Von seinen siebenundzwanzig Jahren hat er mindestens sieben im Knast verbracht – apropos: Knast! Karabüks Bruder ist damals im Knast tatsächlich auf dieselbe Weise ums Leben gekommen wie Clavis jetzt.»

«Das ist doch damals unaufgeklärt geblieben», sagte Schröder.

«War aber offenbar sein erstes Tötungsdelikt.»

Schröder blieb bei seinen Bedenken. «Ich kann's mir immer noch nicht vorstellen. Der ist doch unheimlich cool, der Mann, unheimlich clever, der weiß doch, daß seine Geschäfte nicht mehr gehen, wenn er 'n Mord am Hals hat.»

Gonschorek hielt von diesem Argument nicht viel. «Seine Geschäfte wären doch auch aufgeflogen, wenn Clavis gesungen hätte – aus und vorbei! Nix mehr mit Don Corleone.»

«Ich möchte wetten, daß er's nicht war», sagte Schröder.

Gonschorek wurde plötzlich aggressiv. «Mit Ihren zweiundzwanzig Jahren haben Sie ja natürlich die Menschenkenntnis, die groß genug ist, so was zu beurteilen.»

«Es soll ja auch so was wie Betriebsblindheit geben», gab Schröder zurück.

«Danke. Schreib ich also nächsten Monat in Ihre Beurteilung: Ausgeprägte Kritikfähigkeit, Mut zur offenen Diskussion. Sinnvoller Einsatz von Gefühlen bei der Aufklärung des Mordfalls Clavis.»

Schröder bemühte sich, sachlich zu bleiben. «Tatsache ist ja mal, daß die beiden jungen Leute Dehn nicht einwandfrei wiedererkannt haben, ich meine, daß sich Malkowski, dieser Thomas, nicht absolut sicher gewesen ist, daß Dehn ihn wirklich niedergeschlagen hat.»

«War ja auch dunkel im Treppenhaus, das Licht gerade aus, bei Clavis in der Wohnung auch nichts an.»

«Und wenn nun Thomas den Mann nur erfunden hätte?» Schröder sah Gonschorek mit großen Augen an.

«Wie ...?»

«Na, er selbst hat Clavis niedergeschlagen – Eifersucht! –, und dann hat er den großen Unbekannten ins Spiel gebracht, das heißt, seine Freundin hat dann den Verdacht ganz bewußt auf Dehn abgelenkt, weil sie wußte, daß der ab und zu bei Clavis war.»

Gonschorek ging nicht weiter darauf ein. «Es ist wirklich rührend, was Sie da machen. Überschrift: Sein Herz schlug für die Unterwelt.»

«Könnte doch aber sein: Thomas kriegt raus, daß Tanja was mit Clavis hat. Eifersuchtsszene. Er erschlägt Clavis. Sie liebt Thomas und nimmt ihn in Schutz. Was hat sie auch von ihm, wenn er im Knast sitzt? Sie schieben alles auf Dehn, dem ja, das wissen sie, eben alles zuzutrauen ist.»

Gonschorek lehnte sich zurück. «Eine schöne Theorie – nur schade, daß sie nicht stimmt. a) weil ich noch mal mit beiden gesprochen habe und er ihr den Clavis nicht im allergeringsten nachträgt – Freunde von ihnen bestätigen das voll und ganz, b) weil mehrere Hausbewohner den flüchtenden Täter gesehen haben und dann nach oben gelaufen sind, wo das Mädchen geschrien hat – und da haben sie dann den Malkowski gefunden, schwer k. o. Der scheidet also aus – hundertprozentig!»

«Es kann ja noch 'ne dritte Person bei Tanja in der Wohnung gewesen sein», wandte Schröder ein, «wer will'n das ausschließen?»

«Gehen Sie mal zu Dehns Verteidiger, der zahlt Ihnen 'n Sonderhonorar. Ausgeschlossen, mein Lieber, die Argumente, die ziehen nicht, weder bei mir noch vor'm Gericht.»

Sofort zog Schröder seinen nächsten Trumpf aus dem Ärmel. «Und wenn's nun einer der Apotheker gewesen ist, die Clavis erpreßt hat?»

«Die vier, die er erpreßt hat, von denen wir die Namen aus seinem Notizbuch wissen, die vier, die haben alle ein hieb- und stichfestes Alibi für die Tatzeit», sagte Gonschorek.

«Und wenn's nun ein Kollege war, der erst noch an die Reihe kommen sollte, der noch nicht gezahlt hat oder nicht zahlen wollte?»

«Den suchen Sie mal! Wenn Sie ihn gefunden haben, kriegen Sie 'ne Beurteilung von mir, daß Sie glatt zum Polizeipräsidenten avancieren. Ich hab's wochenlang versucht, nun versuchen Sie's mal.» Gonschorek griff zum Telefon, um seine Frau anzurufen. Ob der Klempner schon dagewesen wäre.

Schröder dachte nach. «Man müßte sich mal hier im Umkreis von zehn Kilometern etwa alle leerstehenden Läden ansehen, in deren Nähe Apotheken sind, und die Apotheker dann ...»

«Tun Sie's – ich werd Sie nicht dran hindern!»

Christian Wiechmann schwankte noch immer. Sein Geburtstag war herangekommen, im nächsten Jahr war er fünfzig, und aller Wahrscheinlichkeit nach hatte er noch zwanzig bis fünfundzwanzig Jahre zu leben.

Vera hob ihr Glas, um mit ihm anzustoßen. «Auf ein neues Lebensjahr, das besser wird als das alte!»

«Das wird's wohl kaum ...»

«Erst mal 'n Schluck, bevor die Gäste kommen ...»

«Gäste! Auch noch die ins Haus, die was mit Clavis zu tun hatten – das wird ja 'n schöner Abend werden!»

Sie legte ihren Arm um ihn. «Du mußt das langsam verarbeiten, lernen, das zu verarbeiten.»

«Ja, sicher, wo jeden Tag was über Dehn in der Zeitung steht. Daß er's gewesen ist ...»

«Ja und? Der hat doch sicher auch Straftaten begangen, von denen nie was bekannt werden wird, für die er nie zur Rechenschaft gezogen wird – oder? Und wenn er jetzt für etwas ins Gefängnis geht, das er gar nicht getan hat, dann ist das doch nur ausgleichende Gerechtigkeit, nichts weiter.»

«Aber keinen Mord. Einen Mord hat er nicht begangen.»

«Hat er doch. Hast du nicht gelesen, daß er den Türken da in seiner Zelle erschlagen haben soll?»

«Das ist doch durch nichts bewiesen», sagte Wiechmann.

«Manche Tatbestände sind auch wahr, ohne daß ein Gericht das bestätigt», sagte Vera.

Wiechmann ließ einen alten Brummkreisel schnurren. «Wenn ich mir so vorstelle, der Dehn sitzt dann im Knast, zehn, zwölf Jahre lang, Tag für Tag, und ich arbeite hier, ich geh spazieren, ich flieg nach Ibiza ...»

«Denk doch mal logisch: Was ist dein Arbeitstag wert, wenn du hier weiter die Apotheke führst, und was ist Dehns Arbeitstag wert? Nichts ist der wert. Dehn ist doch von Beruf aus Krimineller, und jeder, der ihn ein für allemal aus dem Verkehr zieht, der sollte 'nen Orden kriegen.»

«Wo leben wir denn, Recht muß doch Recht bleiben», sagte Wiechmann.

«Bleibt es doch auch: die Gesellschaft hat das Recht, von Leuten wie Dehn befreit zu werden.»

«Hör auf damit! So kann man doch nicht argumentieren!» Er wollte in die Küche hinaus.

Vera hielt ihn zurück. «Von jedem, der so argumentiert, 'ne Mark – und wir wären auf der Stelle x-fache Millionäre. Die können doch nicht alle unrecht haben.»

«Haben sie aber!»

«Haben sie nicht. Wer sagt dir denn, daß Dehn, wenn er in Freiheit bleibt, nicht gerade *deinen* Kindern Heroin verkauft?» Sie sah ihn an.

Er senkte den Blick. «Soll'n sie ihn doch deswegen einsperren, aber nicht für das, was ich getan habe.»

Vera wußte, daß sie gewinnen würde. «Für das, was er getan hat, können sie ihn doch nicht belangen – clever, wie der ist, und bei den Rechtsanwälten, die er hat. Nur im Mordfall Clavis, da kann er den Kopf nicht mehr aus der Schlinge ziehen – das ist doch der Witz dabei.»

«Trotzdem ...» sagte er schwach.

«Kein: trotzdem. Außerdem, gerissen, wie der ist, da ist der doch beim nächsten Ausbruchsversuch dabei – und dann ab ... Und deswegen willst du dich nun unglücklich machen – lohnt denn das wirklich?»

«Na ja, wenn man's so sieht, dann ...»

«Na also!» triumphierte sie.

«Hauptsache, *du* kannst das verkraften», sagte Wiechmann.

«Ich kann. Also: Du versprichst mir jetzt, daß du den Mund halten wirst – deinetwegen, meinetwegen, der Kinder wegen, der vor allem.»

Ein kurzes Zögern. «Schön, ich versprech dir's.»

Sie umarmte ihn, sie küßte ihn. «Danke! Und nun sei mal 'n bißchen fröhlich, ja?»

«Okay.»

«Geh mal schon rauf und zieh dich um, damit ich nachher ins Bad reinkann. Ich räum noch 'n bißchen auf hier.» Es klingelte, die Nachtglocke. Sie sah durch den Türspalt nach vorne. «Da steht noch einer ...»

«Schon zu, wir haben heute keinen Nachtdienst!» schrie Wiechmann in den Laden hinein.

«Geh doch mal», sagte Vera, «mach auf, kannst doch den Mann nicht verärgern.»

Wiechmann bewegte sich nach vorn und schob das kleine Fenster zurück, das in die Tür eingelassen war. «Guten Abend – was ist es denn Dringendes ...?»

«Entschuldigen Sie, aber ich will gar keine Medikamente, ich will ... Schröder ist mein Name, von der Kriminalpolizei. Ich hätt noch kurz 'n paar Fragen an Sie, Herr Wiechmann ...»

Wochen waren vergangen, Monate, und endlich auch die Tage der Gerichtsverhandlung.

Thomas und Tanja waren auf dem Wege nach Hause und hatten schnell einen Supermarkt leergekauft, hungrig, wie sie waren. In der rush-hour-vollen Bahnhofstraße hatten sie Mühe, voranzukommen.

«Thomas, paß auf, die Eier!»

«Ja, ja!»

«Ich will nicht dauernd Omelett machen.»

«Komm, reg dich wieder ab!»

«Mann, hast du 'ne Laune!» brummte sie.

«Nach dieser scheiß Gerichtsverhandlung!» sagte Thomas.

«Sei doch froh, daß *wir* aus'm Schneider sind. Dieser komische Anwalt da, will der das auf uns abwälzen!»

«Was sollt er denn machen, irgendwas muß er schließlich tun für sein Geld. Auch wenn's nichts gebracht hat.»

Tanja hielt ihn vor einer roten Ampel zurück. «Obwohl dieser

Schröder da von der Kripo ja bald noch mehr für Dehn getan hat – oder?»

«Sicher, die ganzen Apotheken abklappern. Bloß, gebracht hat's ja auch nichts ...»

«Immerhin hat er nicht lebenslänglich gekriegt», sagte Tanja. «Wieviel muß denn Dehn wirklich absitzen – bei zwölf Jahren Strafe?»

«Na, zwei Drittel mindestens.»

«So cool, wie der sonst immer war, aber zum Schluß ist er dann doch noch ausgeflippt. Die konnten ihn ja kaum noch festhalten. Um ein Haar – und der wär draußen gewesen.»

Thomas sah sie an. «Stell dir mal vor, du bist unschuldig, und die woll'n dich für die nächsten zwölf Jahre in'n Knast stecken.»

«Wenn er's wirklich nicht war – ich hab ihn doch nicht extra belastet – oder?»

«Nein, ich doch auch nicht! Komm, hör auf mit dem ganzen Scheiß, *wir* haben ihn nicht verurteilt, da soll'n sich andere den Kopf drüber zerbrechen. Ich will jetzt nach Hause.» Thomas blieb stehen.

«Zu mir?» fragte sie.

«Aber nur, wenn du'n anständigen Wein da hast.»

«Griechischen Landwein und Edelzwicker.»

«Dann komm ich mit. 'n armer Student muß sich eben durchschlagen, und was jetzt 'ne wohlhabende Sekretärin is ... Wo hasten dein Auto stehn?»

Sie zeigte über die Straße. «Gleich da hinten auf'm Parkplatz. Aber ich muß schnell noch in'ne Apotheke, 'n Rezept einlösen.»

«Biste krank?»

«Haha! Wozu wohl ...?»

«Dann wart ich lieber draußen, ich werd sonst rot.»

«Feigling! Hier, trag die andere Einkaufstasche auch noch, du kommst mit, das wär ja wohl das Letzte! Wo ist'n hier eine?»

«Was'n?» fragte er.

«... 'ne Apotheke natürlich.»

Thomas sah sich um. «Da gegenüber, wo dein Auto steht -Prinzregenten-Apotheke.»

«Ah, ja, dann komm, aber tempo!»

Thomas protestierte. «Du schleifst mich wirklich hinterher wie'n alten Ehemann.»

«Hältste bitte mal die Tür auf ...» Ein paar Schritte, und sie standen vor dem Ladentisch. «Guten Abend ...»

«Guten Abend!» Wiechmann ließ die elektronische Registrierkasse fiepen, verabschiedete sich von einer Kundin, wandte sich den beiden zu. «Bitte, was darf ich ...?»

«Das Rezept bitte ...» Tanja reichte ihm das schmale Stückchen Papier hinüber.

Wiechmann überflog es kurz. «Ja, gerne ...» Er ging nach hinten, wo die Regale schräg in den Raum hineingebaut waren.

«Dem scheint das auch peinlich zu sein», flüsterte Thomas, «guck mal, wie der rot wird.»

«Mann, seid ihr alle verklemmt!» sagte Tanja.

Thomas grinste. «Wer dich so sieht und 'n bißchen Phantasie hat ... Und wer Zeitung lesen kann: Die Zeugin Tanja Noll, 24, mußte zugeben, enge Beziehungen zu Clavis unterhalten zu haben und ...»

Da war Wiechmann zurück. «So, bitte ... Eine Mark bekomm ich dann ...»

«Ja ...» Tanja legte die Münze auf den Tisch. «Danke sehr ...»

Wiechmann war schon mit seiner Registrierkasse beschäftigt. «Vielen Dank, auf Wiedersehen!»

«Auf Wiedersehen.»

«Wiedersehn», brummte Thomas.

Sie gingen zu ihrem Wagen hinüber.

Tanja zuckte zusammen. «So, wo hab ich denn nur die Autoschlüssel ... immer dasselbe!»

Thomas war stutzig geworden. «Eine Mark nur, kostet das nicht mehr – der hat sich doch verrechnet, oder?»

«Nee, 'ne Mark is genug. Da sind sie ja!» Sie fischte die Autoschlüssel aus einer ihrer Einkaufstaschen.

«Gib her, ich schließ auf.»

«Hau nicht mit der Tasche gegen die Tür. Leg sie auf'n Rücksitz.»

Beide setzten sich ins Auto. sie ließ den Motor an.

Thomas schaltete das Radio ein. «Soll ich 'n bißchen Musik machen?»

«Erst schalteste ein, dann fragste!»

«Warum biste so nervös – is was?»

«Nach solchem Tag- dußlige Frage: nein, is nichts!»

«Laß man, in anderthalb Stunden is alles vergessen ...»

Thomas hatte einen passenden Sender gefunden. Sie spielten gerade *Je t'aime, moi non plus* mit Jane Birkin und Serge Gainsbourg.

Tanja ließ den Motor aufheulen und fuhr los.

-ky

«Die besten Krimis von **-ky** schildern unsere Gegenwart mit Scharfsinn, Witz und Hintergründigkeit.»
Frankfurter Allgemeine Zeitung

Eine Auswahl der thriller von -ky, alias Horst Bosetzky:

Da hilft nur noch Beten
(thriller 2883)

Es reicht doch, wenn nur einer stirbt
(thriller 2344)

Feuer für den Großen Drachen
(thriller 2672)
Kreuzberger Nächte: Liebe, Ku-Klux-Klan und Graue Wölfe...

Friedrich der Große rettet Oberkommissar Mannhardt
(thriller 2725)

Catzoa-Stories um einen kriminellen Kriminalbeamten
(thriller 2919)
Die unaufhaltsame Karriere eines Mannes, der Ordnung schaffen will.

Ich wollte, es wäre Nacht
(thriller 2951)

Kein Reihenhaus für Robin Hood
(thriller 2575)
Für das Kino erfolgreich verfilmt.

Stör die feinen Leute nicht
(thriller 2292)
Eine junge Frau erfährt mehr, als für ihre Diplomarbeit gut ist: Machtverhältnisse in der deutschen Provinz.

Zu einem Mord gehören zwei
(thriller 2770)

3014/1

rororo thriller

Ein Toter führt Regie
(thriller 2312)
Ein Selbstmörder rächt sich an den Lebenden, die ihn gequält haben...

Mitunter mörderisch
Kriminalstories
(thriller 2383)

Einer will's gewesen sein
(thriller 2441)
An diesem Roman ist alles erfunden - nur die Angst ist echt...

Von Beileidsbesuchen bitten wir abzusehen
(thriller 2250)

Nieswand kennt Tag und Stunde
(thriller 2979)

-ky/Steffen Mohr
Schau nicht hin, schau nicht her
(thriller 2943)
Der erste deutsch-deutsche Kriminalroman.

-ky & Co.
Die Klette
(thriller 2659)

Hansjörg Martin

«**Hansjörg Martin** ist eine Person von historischer Bedeutung. Was Raymond Chandler für die amerikanische Kriminalliteratur war, ist er für die deutsche geworden: man kann ihn ohne jeden Zweifel als ihren Vater betrachten. Sein Roman *Gefährliche Neugier* löste 1965 ein Genre aus, das man lange danach, den neuen, den modernen deutschen Kriminalroman nannte.» Rudi Kost in «Schwarze Beute»

Eine Auswahl der thriller von Hansjörg Martin:

Bei Westwind hört man keinen Schuß
(thriller 2286)

Betriebsausflug ins Jenseits
(thriller 2535)
Eine Seefahrt, die ist lustig... Wenn mehrere Personen finstere Pläne schmieden, kann eine Seefahrt auch tödlich sein.

Blut ist dunkler als rote Tinte
(thriller 2190)

Dein Mord in Gottes Ohr
(thriller 2590)
«..gescheite Dialoge, Witz und stimmige Charaktere.» Welt am Sonntag

Gefährliche Neugier. Kein Schnaps für Tamara. Einer fehlt beim Kurkonzert
(thriller 2972)

Gute Messer bleiben lange scharf
Kriminalstories
(thriller 2635)

Mallorca sehen und dann sterben
(thriller 2270)

rororo thriller

Der Rest ist Sterben
(thriller 2900)
Schwester Cosima ist eine allseits beliebte Person mit untadeligem Lebenswandel. Deswegen trifft es alle wie ein Schock, als man sie erdrosselt in ihrer Wohnung findet...

Der Kammgarn-Killer
(thriller 2481)
«Martin hat seine Mischung aus skurriler Beobachtungsgabe und feuilletonistischer Detailbeschreibung, aus witzigen Einschiebseln und originellen Sprachspielereien beibehalten.» Saarbrücker Zeitung

Seine besten Stories
(thriller 2911)

Das Zittern der Tenöre
(thriller 2618)

Süßer Tod
(thriller 2877)
Direktor Hebestreit ist entsetzt. In seiner Viehzuchtgenossenschaft findet man eine Leiche. Und gerade jetzt kann er schlechte Publicity nicht gebrauchen...

Schwarze Beute

«Wir haben den Wunsch, so gute Autoren zu gewinnen, wie es dem Black Mask-Magazin mit Hammett und Chandler gelang, Aber wir wollen noch mehr.»
Norbert Klugmann und Peter Mathews, Herausgeber der thriller-Magazins **Schwarze Beute**.

Schwarze Beute 1
(thriller 2735)
Mit Geschichten von Friedrich Glauser, Ruth Rendell, Michael Molsner, Janwillem van de Wetering. Georges Simenon, Fritz Mierau, Frank Göhre u.v.m. und ein Interview mit Maj Sjöwall über ihre gemeinsame Arbeit mit Per Wahlöö.
«... dieser Band ist seit Jahren das bestgemachte, witzigste und spannendste Buch zum Thema Kriminalität und Kriminalliteratur.»
Süddeutsche Zeitung

Schwarze Beute 2
(thriller 2802)
Mit einem Drehbuch von Raymond Chandler, einem Insekten-Thriller von Per Wahlöö und einem Comic mit Texten von Dashiell Hammett. Außerdem Beiträge von Richard Hey, Alfred Döblin, Felix Huby, Fred Breinersdorfer, -ky, Irene Rodrian u.v.m.

Schwarze Beute 3
(thriller 2888)
«Das erste Mal, als Raymond Chandler ihn zu Gesicht bekam, lag Thomas Mann wie betrunken in einem Rolls-Royce Silver Wraith draußen vor der Terasse des Adonis.»

3023/1

rororo thriller

So beginnt Michael Molsners fiktive Ermittlung, «der originellste, freilich auch frechste Beitrag zur Chandler-Hommage.» Neue Zürcher Zeitung
Außerdem Texte von Colin Dexter, Gertrude Stein, Jean Vautrin, Sjöwall/Wahlöö u.v.m.

Schwarze Beute 4
(thriller 2933)
Neues von und über Dashiell Hammett, Ed McBain, -ky, Hansjörg Martin, Frank Arbau, Pinkerton, Malefizschenk und andere Fälle, Täter und Autoren.

Schwarze Beute 5
(thriller 2969)
Frischer Wind im Sowjet-Krimi, heiße Stories aus Afrika, Arizona und Amsterdam. Geschichten von Jean Genet, Doris Gercke, Christine Grän, Detlef Blettenberg, Tony Hillermann u.v.m.